华东政法大学
刑法学博士文库

持有型犯罪
刑法规制体系研究

上海人民出版社

周光营 著

总 序

在现代社会，刑法在人类社会生活、国家生活中依然演绎着举足轻重的角色，彰显出其无尽的魅力。刑法学作为一种文化的凝结，激发着一代代的学人为之皓首穷经，兀兀穷年，刑法学的发展正是这样薪火相传，生生不息。在这样的传承过程中，《华东政法大学刑法学博士文库》(以下简称《文库》)就像涓涓细流或一缕烛光，以学者或学子们自身的沉思和耕耘为刑法学的研究和刑事法治的发展注入自己的精神，闪烁出自己的智慧。继承前人之心智和毅力，“安知不如微虫之为珊瑚与嬴蛤之积为巨石也”(章太炎语)。

华东政法大学刑法学科是上海市重点学科，早在1981年就获批设立刑法学硕士点，2003年设立刑法学博士点和博士后流动站，刑法学课程被评为上海市精品课程，学科曾得到联合国教科文组织和世界银行的重点资助。近年来，华政刑法学科一直走在全国同类学科的前列，致力于刑法学基础理论的研究与教学，取得了一系列高水平、令人瞩目的教学和科研成果，为国家培养了大批高层次、高质量的理论研究与教学人才、司法人才，成为中国刑法学教学和研究的南方重镇。学科依托华东政法大学刑法学研究中心，为研究刑法学的学人提供了坚实的平台和良好的氛围，《文库》就是中心推出的系列著作中的一部分。作为博士们思想和智慧的结晶，作为他们宣传和弘扬刑法文化的窗口，《文库》中的著作包含着华政刑法专业博士生们的追求、志向和期望，维系着他们对法治前景的憧憬。

古人曾经指出：理论和学术的追求在于“究天人之际，通古今之变，成一家之言”(司马迁语)。著书立说，匡济天下，一直是中国文人的最高追求，这一根脉至今仍然浸润在当代学人的精神深处。在我看来，作为刑法文化的研究者,“弘扬、建构、批判”是基本的要求也是终极目标,也是《文库》追求的基本价值取向。

所谓“弘扬”,首先是指弘扬祖国优秀的刑法文化传统,发掘中国刑法文化中优秀历史遗产,汲取世界各民族一切合理的、现代的刑法知识成果,促进刑法的发展,促进法治的完善,促进社会的进步。无论是从文化发展的历史过程分析,还是从当代文化的构成体系分析,刑法文化都是人类生活不可或缺的选择方式,刑法的发展更是直接和明显揭示了人类价值与信仰的一种追求,刑法文化从一定意义上说是一个民族、国家和地区在一定的历史时期适应环境并取得成功的一种记录。圣人贤良无非是人类文化与智慧的代言人,正是他们在对困境的思考中,产生出了精湛的思想,创造了不朽的著作,形成和丰富了文化的宝库。刑法文化既有多样性的要求,又有一些共同的价值取向,这些都需要学者们去传递和弘扬。

所谓“建构”,实际上就是与时俱进。从一定意义上说,刑法是稳定的但又是滞后的,刑法文化需要弘扬但更需要改造,尤其是处于社会转型时期的中国,社会生活日新月异,法治的许多领域都在改弦更张,在旧有体制逐步解体过程中,新的体制尚未确立的边际,建构成为一项重要的使命,这是社会的迫切要求,也是理论研究者的历史责任。就刑法而言,存在着大量的如哈特所说的“空缺结构”,需要我们去应对、去补缺,建构较为完备的刑法学理论,建立科学的刑法学体系,以制度的建构促进观念的更新成为理论的重要使命。

具体而言,这种建构包括博士们对于自身学术理论的建构,对于刑法制度的设计,也包括对于作为他们研究和学业成果的《文库》本身的建构。荀子在《劝学篇》中说道:“不积跬步,无以至千里;不积小流,无以成江海。骐骥一跃,不能十步;驽马十驾,功在不舍。”我坚信,在他们继往开来的努力中,一定会在我国刑法学术体系的建构中确立自己的位置和人生轨迹。

所谓“批判”,既是一种方法论也是一种思考的结果。建构与批判实际上是一个事物的两个方面。对于刑法学的研究同样既是一个建构的过程又是一个批判的过程。新的理论的建构、理论的完善必然包含着对于旧的理论、理论缺陷的否定或修补,否定或修补就是一个批判的过程。而立足于批判基础上的刑法理论必将促使人们去建构和完善刑法的理论和思想。当然，由于方法论的不同，建构与批判具体表现在行为的方式和思路上也会具有较大区别。据此我们也会发现在《文库》的一些著作中，有些著作更倾向于建构某些理论，有些著作则更为突出对于现实的批判，为人们提供思考的方法和路径。批判的方法张扬了理论和学术的独立性，体现了学术的本质冲动，体现了学术存在的内在必要性，为打破知识视野的局限性提供了批判的武器，当然在现实性较为直接的刑法学领域，有时又显得束手无策。但无论怎样，质疑和批判绝非仅仅是一种情绪化的产物，而应该建立在广博而全面的知识积累基础上，也应该建立在冷静的理性论证的前提下。

"文章千古事，得失寸心知。"本《文库》所追求的"弘扬、建构、批判"宗旨只是一种外在形式表达，从实质上说，博士应该有博学之才，应该是有识之士。他们可能青灯素面，他们也可能守土一方，但是作为"士"，诚意、正心、修身、齐家、治国、平天下的观念应该是不变的信条，著书立说应该是一件庄重而严肃的事情，应该是战胜自我，洁净心灵，悟透人生的过程。伟大的时代召唤着与其相适应的理论成果和人格性情，我衷心希望更多的博士们经过自身矢志不渝的追求，走在时代的前列，成为社会发展的动力源。

刘宪权*

* 荷兰伊拉斯谟大学法学博士，现任华东政法大学刑事法学研究院院长、教授、博士生导师，兼任国际刑法学研究会中国分会常务理事，中国刑法学研究会副会长，上海市法学会刑法学研究会会长，上海市人民检察院、华东政法大学职务犯罪预防研究中心主任。

目 录

导论

当前已经进入风险社会时代。随着社会生产力的巨大发展，犯罪的手段更为多样，危害程度也日趋严重，民众对于安全的渴望与需求较之过去任何时期都更为强烈和迫切。与此同时，国家治理尤其是公共政策应当及时转向社会安定与民众安全保障的立场。国家刑事立法作为最严厉的社会调整规制手段，在这样的背景下理应发挥应有的作用。

持有的犯罪化，实质上是将人们生活中的部分常见持有行为纳入刑法规制范围，将持有相关对象的权利从公民手中予以剥夺，来保障国家对于特定物品的管控秩序，减少特定物品失控带来的不确定风险。这种逻辑的背后，是国家对于秩序的要求与保障公民私权之间的斗争，二者之间呈现此消彼长的态势。所以，持有行为犯罪化与我们每个人都息息相关，与国家社会也紧密相连。持有型犯罪通过对容易造成或引发巨大社会危害、严重危及社会安定的物品的持有予以严格限制甚至剥夺，阻断借由相关物品危害社会的现实可能性，在保障社会稳定与公民人身财产安全方面具有重要意义。但是，这种作用的发挥，实质是以限制和剥夺公民的自由权利为代价。虽然自由具有相对性，但权利限制范围扩张的对面必然是公民私权范围的缩小。因此，必须对这种限制私权的方式加以约束，在权利限制与社会安定保障之间努力寻找平衡点。持有型犯罪作为刑法实现社会调整的工具，具有惩治犯罪、保障公民权利与限制公权力的作用。

本书共分为五章。第一章《持有型犯罪的概念与考察》，对持有的语义学与刑法学含义进行分析，为持有型犯罪概念的研究提供基础。在对当前刑法学界关于持有型犯罪概念的诸多观点予以梳理、剖析的基础上，将研究持有型犯罪概念的规范意旨确定为法律概念的规范性，具体包括立法目的、法律价值与法律功能三个维度。其中，法律概念规范性的直接根源是立法目的，亦是立法规范目标的指向所在；法律价值则赋予法律概念价值承载的属性，并为法律概念特征的确定提供根本指引；法律功能则是社会结构理论下满足特定群体（通常指统治阶级）的价值取向与社会需求的属性。因此，法律概念并非哲学概念在法学领域的自然延伸，其更多体现的是立法者的规范意图。法律概念的规范性承载和传达立法者的价值选择，而这种价值选择又不可避免地受到特定历史条件下社会结构的影响。根据法律概念的规范意旨，对持有型犯罪的概念进行重新诠释，至少包含两个层面：一是立法目的、法律价值与法律功能层面，二是描写事实层面。前者强调法律概念所承载的立法意图、价值取向与功能需要。持有型犯罪概念就要从刑法规制方面传达出通过对特定物品的支配、控制行为的规制来保障社会秩序稳定与公共安全的目的、价值与功能。后者则是在社会生活与法律生活之间架起一座桥梁，根据一定的标准将社会生活中的部分行为筛选出来，使其进入法律生活的视野。持有型犯罪概念中的事实层面的描写，不能脱离对行为人主观方面的考察，不能忽略对持有对象的研究，不能回避持有的性质问题。通过以上分析，可以对持有型犯罪重新定义如下：违反规定，故意对刑法所禁止的物品实施支配、控制行为从而引发刑法违法性评价，依法应受刑罚处罚的一种犯罪类型。

在持有型犯罪范围方面，巨额财产来源不明罪中来源不明的巨额财产的非法性虽然是基于法律推定得来，但其犯罪化的对象依然是对来源不明的巨额财产的持有行为，故而应属于持有型犯罪，而非不作为犯。非法携带枪支、弹药、管制刀具、危险物品危及公共安全罪与非法携带武器、管制刀具、爆炸物参加集会、游行、示威罪，因其罪名成立不仅要求存在对特定物品的持有行为，还要求持有特定物品的行为与进入车站、公共交通工具以及参加集会、游行、示威等行为相结合，故而不属于持有型犯罪。

持有型犯罪具有三个典型特征：一是持有行为的非法性。我国持有型犯罪九个罪名中，持有伪造的发票罪、持有假币罪、巨额财产来源不明罪三个罪名以及妨害信用卡管理罪中持有伪造的信用卡或伪造的空白信用卡情形对持有一词未加“非法”的限定词，非法持有毒品罪等其他五个罪名以及妨害信用卡管理秩序罪中非法持有他人信用卡的情形，均存在“非法”持有的定语限制。这是因为，未加“非法”限定语的除巨额财产来源不明罪以外的三个罪名的犯罪对象分别是伪造的发票、假币、伪造的信用卡或空白信用卡，这类物品为违禁品，其存在本身就是非法的。对非法存在的物品的持有，自然也具有非法性，所以无需通过增加“非法”的限定语来强调行为的非法性。带有“非法”限定语的持有，则意在与合法持有的情形相区分，比如，非法持有毒品与合法持有麻醉药品。二是持有对象的法定性。除巨额财产来源不明罪以外，大部分持有型犯罪的对象是管制物品，以其为对象所实施的制造、购买、持有等行为被法律所严格限制，目的在于维护社会主义建设与人民生命财产安全。通常，在确定管制物品范围时，需要由法定机关评估相关物品的社会危害性，并按照法定程序对管制物品名单进行增减调整。从这个意义上说，大部分持有型犯罪对象的范围确定，也必须结合相关物品的危险程度，由法定机关依照法定程序依法进行，所以其带有鲜明的法定性特征。三是持有的行为性与状态性相统一。持有是在一定行为下对对象所形成的支配与管控的状态，故而行为性与状态性是持有最独有的特征。持有的状态性无法囊括持有的完整内涵，持有的行为性判断亦无法完成持有内涵的界定任务。持有的状态性与行为性之间固然存在区别，但二者的结合方才构成持有的刑事法律评价的属性基础。

第二章《持有犯罪化的理论证成及其正当性依据》，对持有犯罪化的行为理论及其正当性展开论述。无行为即无犯罪。在持有犯罪化的问题上，首先要解决的就是持有在行为意义上的归属问题。当前主要存在行为说、状态说以及第三种行为方式说等观点。我国以危害行为理论为基础进行“刑法帝国”的构建，而持有的行为性与状态性相统一的特性，使得其无法被作为与不作为的二元行为体系所包容。第三种行为方式说虽然得到部分学者支持，但亦存在一定缺陷。当某种新生事物不能被已有分类包容，就新创设一种分类的做法通常可行，但前提是新事物与已有分类事物属于同一范畴，否则这种做法在逻辑上就不能成立。持有的状态性是其区别于作为与不作为的根本所在，因其无法被作为与不作为的行为分类所包容就将其视为一种新的行为方式的做法，实际上预设了一个根本性的前提——持有是行为。如果持有根本不能算是一种行为，这样的逻辑也就无法成立。所以，上述三种观点均存在缺陷，无法完成持有的刑法性质界定任务。

英美法系国家以事态替代行为的理论在我国不具有普适性，不能照搬。利用法律拟制理论将持有拟制为刑法意义上的行为，可以较为妥善地解决持有行为犯罪化所面临的行为理论障碍问题。状态性与行为性相统一的特性决定了持有并非典型的刑法行为，这为法律拟制提供了前提；持有与行为具有相似性，包括行为人主观方面的一致性，对刑法规范的违反性和对社会的危害性等，持有的这种行为性特征提供了法律拟制的基础；基于无行为即无犯罪的理念，我国刑法将行为作为刑法规制的对象，而“状态”语境下的持有无法融入我国刑法的规制体系，这是需要对持有进行法律拟制的根本原因。而且，法律拟制还具有提升刑法普适性，促进刑法更好地适应社会发展的优势。另外，法律拟制有自己的规则，拟制目的的正当性、拟制对象的关联性、拟制限定在原有法律框架内等规则可以确保法律拟制的规范性与可控性，不会引发刑罚滥用的风险。

在持有行为犯罪化的正当性依据方面，主要包括四个方面的内容：一是风险社会下的公共政策提供了刑事政策依据。风险社会下潜在威胁和危险达到了前所未有的程度，加剧了社会成员的不安和紧张感。相应地，国家治理尤其是公共政策应当及时作出调整，更多地向风险预防和管理方面侧重。刑事法律规范作为公共政策在社会行为规范领域的具象化，也应当顺应这种变化，适时改变传统刑法理论以结果为主导的事后规制模式，尽力满足风险社会背景下人们对安全的新要求。风险社会的到来和公共政策的调整，为作为实现法益提前保护手段的持有型犯罪立法提供了刑事政策依据。二是法益保护论下的抽象危险犯理论提供了处罚依据。法益保护论认为犯罪的本质是法益侵害性。当法益侵害的风险达到一定程度时，就将这种程度的风险评价为“法益侵害的结果”，如此使得刑法中不以实害结果为构成要件的犯罪获得了实质处罚根据。危险犯理论为提前预防难以预测的风险向实害化转变提供了解释路径。不同于具体危险犯将对犯罪对象的实际损害作为犯罪构成要件内容，抽象危险犯中的危险指向立法者先决判断存在或可能存在的危害社会的风险，持有型犯罪立法中并未有对造成具体危险的限制和要求，具有立法推定危险存在的属性，符合抽象危险犯的特征。持有型犯罪既可能是上游犯罪的结果状态或下游犯罪的预备状态，也可能是具有重大法益侵害危险的行为。防止更为严重的罪行或者避免放纵已犯之罪，控制法益侵害风险向实害的转化，是持有型犯罪刑法规制的主要任务。由此，抽象危险犯理论提供了持有型犯罪的处罚性依据。三是预防相对较重罪行的有效途径。通常而言，明确地指出犯罪预备行为并加以禁止，就会有更多的防止严重犯罪的机会。持有型犯罪往往是主要犯罪的次要犯罪，或者严重犯罪的预备状态，对持有的限制势必将有效减少主要犯罪或更严重犯罪的发生，起到预防较重罪行的作用。四是基于堵截犯罪需要的可反驳的立法推定与立法技术。持有型犯罪的设定考虑了堵截其他犯罪的目的，"堵漏"功能突出。通常对持有物品的来源或去向性罪名的证明难度更大，且法定刑较重，而通过改变证明对象和证明标准，将较难查证和追诉的原有罪名变更为易证明且法定刑较轻的持有型犯罪，有利于避免因证据和证明标准问题出现放纵犯罪的不利后果。同时，持有型犯罪具有立法推定的属性。我国刑法将不能说明来源或用途作为持有型犯罪的构成要件要素。当持有对象的来源或用途无法得到合理解释和说明，就以客观实施持有行为且主观明知持有对象的性质，来推定所持特定物品的来源或用途非法。当然，这种推定应当允许行为人予以抗辩。持有型犯罪的立法价值在于，实体上有利于堵塞法律漏洞，严密刑事法网，防止犯罪分子逃避刑罚处罚；程序上有利于提高诉讼效率，降低司法成本，实现法律经济。

第三章《持有型犯罪的构成要件》，以犯罪构成四要件理论为工具，对持有型犯罪的构成要件展开论述。在持有型犯罪的客体要件方面，持有对象是决定持有行为犯罪化的重要因素，又是刑法保护的法益的具体承载。根据犯罪对象的性质可以将持有型犯罪的法益分为四类：公共安全类、社会经济秩序类、政治安全与社会管理秩序类、国家的廉政制度类。接着，通过作为与不作为两种行为方式论证持有型犯罪法益实现的两种路径。惩罚违反刑法禁止性规范的持有行为，是持有型犯罪作为属性的法益再现；惩罚不遵守刑法命令性规范的持有行为，则是持有型犯罪不作为属性下的法益成就。持有型犯罪对象对持有行为犯罪化具有重大影响，直接决定持有行为是否触犯刑法构成犯罪。而犯罪客体作为法益根据，又对持有型犯罪对象的认定具有指导和限定作用。当前我国司法实务中直接援引行政法意义上的枪支标准,导致涉枪犯罪入罪门槛过低,进而使得枪支、弹药的治安管理与刑事规制之间出现界限模糊、指引不明、罪刑不协调等问题。应当根据涉枪犯罪所保护的法益,对涉枪犯罪中的枪支作限缩解释,适当提高刑法中的枪支的认定标准,与行政法意义上的枪支进行区分,适当拉开档次,为枪支的行政管理和刑法规制厘清界限,为两种不同管理职能手段的作用发挥创造客观基础和空间。

在持有型犯罪的客观要件方面,主要是从行为、结果、行为与结果之间的因果关系以及持有型犯罪所特有的附加条件来展开论述。“不能说明来源或去向”等规定属于持有型犯罪构成要件中的实体要件要素,在程序法上表现为待证明的对象,而非在证明责任上确立证明责任倒置规则。

在持有型犯罪的主体要件方面,确立单位作为持有型犯罪主体的资格,具有相应的理论基础,也有利于合理控制入罪范围,实现罪刑均衡,具有积极的现实意义。当前我国刑法已经出现了单位可以构成持有型犯罪的立法规定,比如持有伪造的发票罪。应当对当前刑事立法进行修订,赋予单位作为持有型犯罪主体的资格。

在持有型犯罪的主观要件方面,应当坚持主客观相统一的立场。严格责任原则有着特定的历史背景与适用条件,当前我国并不具备在持有型犯罪中推行严格责任的客观基础和现实条件。明确持有型犯罪的主观心态仅限于故意,对过失持有的行为予以处罚并无必要。在主观故意方面,存在直接故意与间接故意两种表现形式,二者之间最大的区别在于对危害结果发生的心理态度不同。但也存在例外,如巨额财产来源不明罪只能由直接故意构成:在认识层面上,行为人要明知自己持有的财产或支出明显超过合法收入水平且该财产非通过合法途径取得;在意志层面上,则要求行为人希望继续持有这些巨额财产。明知是持有型犯罪必不可少的要件要素。“明知不要说”不符合我国国情,不能在持有型犯罪中采用。在部分持有型犯罪法条中规定的明知,应作注意性规定解读,也即未规定明知的持有型犯罪中,也要求行为人主观上存在明知。明知分为刑法总则故意犯罪概念中的明知和刑法分则具体犯罪中的明知(大多数是对对象的明知)。

刑法总则故意犯罪概念中的明知直接关涉犯罪的定义，对刑法分则具体犯罪中的明知具有指导和限定作用。传统刑法理论以社会危害性作为故意犯罪概念中的明知的内容，违法性认识说主张以违法性取代社会危害性作为故意犯罪中明知的考察因素。我国刑法尤其是持有型犯罪立法进入法定犯时代，刑事违法与道德谴责脱离，部分罪名不再具备道德的评价因素。在这样的背景下，提倡违法性认识具有积极意义。违法性认识中的“法”应理解为刑事法律规范，原因有二：一是刑事违法性是犯罪的鲜明特征，犯罪概念的特征映射到行为人的主观认识形成犯罪故意，那么犯罪故意的内容中自然包含刑事违法性要素；二是有助于与行政、民事违法故意进行区分，体现保障公民权利与自由、限制国家公权力尤其是刑事追诉权的积极价值取向。违法性认识论下的持有型犯罪的明知，在内容上存在事实层面与法律层面的区分。持有型犯罪在事实层面的明知的内容，包括持有行为和结果、对象与数量等；在法律层面的明知，主要是行为人对其行为非法性是否具有认识的可能性。仅在行为人不具有行为非法性认识的可能性，且这种违法性认识错误的责任不能归咎于行为人的情况下，才能豁免刑法的责难。刑法不强人所难，虽然每个公民都有学法、守法的义务，但客观原因导致的违法性认识错误不能提供刑法责难的主观基础，不能据此施加刑罚。

第四章《持有型犯罪的犯罪形态》，对持有型犯罪的未完成形态、共犯形态与罪数形态展开论述。明确持有型犯罪未完成形态的处罚范围仅限于直接故意犯罪。过失犯罪只有在造成实际损害结果的情况下才成立，在危害结果出现之前即停止的情形不构成犯罪，也就不存在未完成形态的问题。在间接故意犯罪中，持有人对犯罪结果持放任态度，表明其对犯罪结果并不排斥。根据主客观相统一原则，只有当放任的危害结果出现时，才能显现出行为人的间接故意，才存在间接故意犯罪，没有危害结果便无法发现和确认间接故意的存在。

在持有型犯罪停止形态认定上，持有的层次理论提供了研究和认定持有型犯罪停止形态的理论工具。根据持有的层次理论，可以将持有分为准持有、不稳定的持有、稳定的持有三个层次。稳定持有的形成与否是区分判断持有型犯罪停止形态的重要标准。在稳定持有的判断上，要坚持物理上的稳定持有判断与心理上的稳定持有判断相结合。在未达到稳定持有状态之前，则可能存在中止、未遂等形态。持有型犯罪不存在犯罪预备形态，原因在于全面处罚预备犯并不具备普适性。持有型犯罪本身即是立法推定的产物，客观上对持有的预备行为进行判断难度极大，主观上也存在无法查证"为了实施持有（而实行预备行为）"的难题。所以，持有的预备行为不具备成立犯罪预备形态的条件。持有型犯罪已经对持有的危险作前移处罚，对持有的预备行为不应再行苛求而强行纳入刑法规制范围。对持有型犯罪未遂形态的认定必须围绕犯罪构成要件尤其是罪过、行为与社会危害性等核心因素进行。按照稳定持有标准，当行为人已经着手实施持有的相关行为，但因为意志以外原因未能对特定物品实现稳定持有的，是持有型犯罪的未遂犯。对象认识错误的情况下，行为人已经满足犯罪构成要件的核心要素——罪过与行为，特定结果未出现并不影响对犯罪构成的认定，可以成立持有型犯罪对象不能犯的未遂。持有型犯罪既遂的标准是实现对特定对象的稳定持有。在此之前，无论是未遂还是中止均有可能存在。发生在着手之后，实现稳定持有之前的阶段，行为人自动停止持有或消除持有状态的可以构成持有型犯罪的中止形态。

在持有型犯罪的罪数形态方面，本书认为，持有型犯罪属于实质的一罪，不属于法定的一罪或处断的一罪，其堵截性的特殊立法目的与功能设计决定不能用吸收犯和想象竞合犯理论来进行罪数的判断。同时持有数种特定物品的罪数，应当根据持有的对象种类进行判断；多次持有同种特定物品，意味着义务的多次违反，且这种义务违反具有同质性，只能以一罪处理，持有的次数作为量刑情节考虑；持有同一特定物品但存在中断持有的情况下，中断前后的持有仍然可以被视为一个持有行为而仅成立一罪；持有的特定物品被用于其他犯罪的情形中，先存在持有，后另起犯意将持有的物品用于其他犯罪的，应数罪并罚；无法确定持有与其他犯罪故意产生的先后时，应当按照有利于被告人的原则，将持有视作其他犯罪的组成部分而成立其他犯罪一罪；当持有的不同种物品中的部分被用于其他犯罪，而另外一种物品的持有与其他犯罪毫无关联时，应当认定为同时成立持有型犯罪与其他犯罪，予以数罪并罚；持有的部分特定物品经查证属于其他犯罪的结果状态时，对被查证的部分以先犯罪行为的结果状态来认定，根据事后不可罚原理不再认定为持有型犯罪；其他持有物非其他犯罪所得或无法查证的，则认定为持有型犯罪，对二者进行并罚。

在持有型犯罪的共犯形态判断上，需要重点考察三个条件：符合法律规定的行为主体、共同的持有故意、共同实施持有行为。对于合法持有者让渡持有的情况，一旦合法持有者将其合法持有的特定物交由不具备持有资格的人持有，受让持有的人构成非法持有自无疑问，但原持有者也将因非法让渡持有物而丧失合法持有资格。此时，其仍对持有物品具有法律上的控制，而受让人则系事实上的控制，二者构成共同持有关系，应当成立持有的共同犯罪。非法出借枪支的情形中，因为刑法单独规定了非法出借枪支罪，故而不再以非法持有枪支罪的共犯认定。这是刑法对出借枪支行为的特殊规定，并非对上述论断的否定。雇主与雇员因雇佣关系而持有的情形中，雇主明知雇员所持有物品的性质，或雇员对特定物品的持有就是基于雇主的指示，二者成立持有型犯罪的共同犯罪；对于其他基于雇佣关系的持有，在存在单位犯罪规定的情形下，以单位犯罪进行定罪处罚更为适宜，不宜认定为雇主与雇员的共同持有型犯罪。家庭成员持有的情形中，如果并不存在来自家庭成员有意识地帮助、教唆等行为，则不应认定为持有共犯。因处于同一密闭空间而持有的情形中，只有能够独立控制该空间，或者改变持有的条件使之更有利于持有的实现和维持，才能认定为共同持有，仅凭共同处于某个空间的事实不能认定为共同持有。巨额财产来源不明罪中，对家庭成员不是国家工作人员的情况，不能认定家庭成员成立该罪的共犯；家庭成员同为国家工作人员，且无法说明家庭财产的来源，二人单独成立巨额财产来源不明罪，但不是共同犯罪。

第五章《持有型犯罪立法检讨与前景展望》，对我国当前持有型犯罪立法进行分析，提出相应的完善建议，并综合持有型犯罪的立法现状、发展、目标任务等，对持有型犯罪立法动向、发展趋势与愿景进行了合理思考。当前持有型犯罪立法存在的突出问题主要有：一是罪名不规范，比如在很多罪名中，大量存在以持有的具体行为方式来代替持有或者将二者并列的情况，导致同一概念的理解混乱；二是罪状不科学，包括罪状中行为法律评价因素存在重复、要素设置多余、不同罪名之间罪状内容设置不合理等；三是法定刑不协调，有些罪名的法定刑未能体现持有不同犯罪对象之间的社会危害性差异，有些罪名与关联犯罪在法定刑上落差不合理等。完善持有型犯罪刑事立法应当坚持全面协调立场来规范和统一持有型罪名，以统一的表述体例重新确定持有型罪名，将持有型犯罪的客观行为方式统一以持有进行表述；合理确定持有型犯罪罪状，对部分罪名的罪状中将持有的具体行为方式与持有并列的情况进行修订，删去具体行为方式，将条文中的重复之处作删除处理，对不合理的罪名加重情节予以修正，对持有及其关联行为予以适当区分；协调设置持有型犯罪法定刑，在不同持有型犯罪罪名之间、与关联犯罪之间注意做到协调合理。还应当注意优化立法技术，提高立法水平，在罪名、罪状、法定刑设置等方面努力做到用语精确、规范简练，避免产生歧义。另外，在持有型犯罪的立法中，应当重视刑法谦抑性，坚持最后手段性立场不放松。刑法作为最严厉和最后的手段，只有在其他手段不足以制止行为的社会危害性时，才能启用刑法规制手段，以防止刑罚滥用，不当压缩公民权利空间。

随着社会的不断发展，我国持有型犯罪的立法也在不断深化。当前我国持有型犯罪立法动向主要有：立法扩张趋势显著，保护法益泛化特征突出，抽象危险犯立法规制趋向明显。在今后一段时期内，持有型犯罪立法仍将保持扩张态势，犯罪体系继续不断发展完善，持有型犯罪的堵漏和预防的工具属性仍将积极发挥作用。可能会增设非法持有儿童色情制品罪、非法持有不安全食品罪、非法持有公民个人信息罪等新的持有型犯罪罪名。从长远来看，持有型犯罪很可能会逐步退出犯罪化轨道。原因在于，设定持有型犯罪就是国家刑罚权和个人权利之间的资源分配，彼此之间呈现“此消彼长”的态势。以历史的发展眼光来看，在个人与国家权利的不断斗争中，限制公权力与扩大公民权利将成为历史发展的总趋势。相应地，以限制公民权利来实现国家对特定物品的管制秩序的持有型犯罪也将伴随历史发展的进程，逐步缩小存在空间和适用范围，最终以保安处分或行政处罚为归宿。

第一章 持有型犯罪的概念与考察

第一节 持有的基本内涵

概念是人们在认识活动中将事物的本质特点抽象出来进行归纳提炼所形成的高度凝练的总结与概括。概念是事物本质的表达，是一类事物内在属性外化的观念性集合。法律概念是法律理论最基本的范畴之一，是构建法学理论体系的基础与根基。[①]博登海默曾说过，概念乃是解决法律问题所必需的和必不可少的工具。没有限定严格的专门概念，我们便不能清楚地和理性地思考法律问题。没有概念，我们便无法将我们对法律的思考转变为语言，也无法以一种可理解的方式把这些思考传达给他人。如果我们试图完全摒弃概念，那么整个法律大厦就将化为灰烬。[②]准确界定法律概念，基于同一性的法律概念，将研究问题构筑在统一的基本认识与合理逻辑基础之上，是开展法学研究的重要基础和前提，也是文化交流与研究成果共享的重要工具和媒介。持有型犯罪的研究亦是如此。持有是持有型犯罪的核心要素，其概念也是解构持有型犯罪的基础和核心。研究持有型犯罪，首先必须解决持有的刑法含义界定问题，而持有的语义学定义则可以提供词源上的基础观念指引。

① 参见陈波、马治国:《试析法律概念的规范性及其根源》,载《安阳师范学院学报》2012年第4期。

② [美]E.博登海默:《法理学:法律哲学与法律方法》,邓正来译,中国政法大学出版社2004年版,第486页。

一、持有的语义学含义

以持有型犯罪为对象的法学研究基本都会涉及持有含义的讨论，但至今未形成共识性的权威意见，无法为相关理论研究提供确定统一的基础概念工具。持有含义的认识分歧是持有型犯罪研究和实践中出现种种误解和偏差不可忽视的原因之一。

随着社会的发展与进步，持有一词早已深入人们的日常生活，得到广泛使用，如证件持有人、信用卡持有人、专利持有人等。此处的持有人，通常是指由书面记载的、易于识别的权利主体。比如，专利持有人就是指对专利享有相应权利的主体。通常，对于在日常生活场景中高频出现的持有一词的确切含义，并没有专门研究的价值和必要，原因在于这种日常生活化的词汇，即便存在不同的理解，也不会影响到人们在现实生活中的实际权利和行为。

除了生活场景中的应用，持有在法律中也频繁出现，并且承载特定的历史背景和特殊含义。比如，通常情况下，申请专利获批后，申请人就获得专利的所有权。然而，根据 1984 年《专利法》的规定，全民所有制单位作为专利申请主体时，就不能获得相关专利的所有权。[①]因为在当时，全民所有制单位属于全民所有，其自身并无独立的财产所有权，自然也就不能对其专利权任意处置。如果要对专利权进行处分，必须要经过主管部门批准。而所有权就包括处分权，所以不能使用所有权来表述全民所有制单位与其申请的专利权的关系。在这样的特定历史背景下，持有就成为上述立法宗旨和法律关系的完美表达。在 1984 年《专利法》看来，持有一词所代表的权利并不包含所有权中的处分权，故而是弱于所有权的。1993 年《公司法》中也存在关于持有的表述，比如持有股份、股票等，不过此处的持有的法律含义已经出现了新的发展，实质上是对权利主体利益的认可。

---

① 1984 年颁布施行的《中华人民共和国专利法》第 6 条第 1 款规定："……申请被批准后，全民所有制单位申请的，专利权归该单位持有；集体所有制单位或者个人申请的，专利权归该单位或者个人所有。"

持有在现代汉语中意为动词拿着、拥有。[①]一般认为，持有与英语中的"possess"相对应。而"possess"一词在英语中有四种含义：(1)作为自己的物品予以占有、拥有(to have something as belonging to one; own)；(2)作为某人精神或品质的部分而拥有(to have as a part of one's mind, or as a quality)；(3)自内心控制某人[to control(a person) from within]；(4)以精神方式支配(to influence in the manner of such a spirit)。[②]这四种含义可以归纳为拥有、占有、支配、控制，其中仅第一种可以以物为对象，故而只能按照第一种解释理解，即拥有。《法学词典》中，持有一词一般被解释为"对某特定物事实上的支配，持有与占有虽无根本区别，但也有不同"。[③]

通过上述分析，可对持有概念的语义学含义形成大致的轮廓，语义学上的持有近似于占有，但又有不同，重点在于强调主体对特定物的支配。虽然这种一般意义上的理解不能满足刑法专业研究的需要，无法提供坚实的刑法基础与满足承载刑法专业意义上的功能需要，但仍可以提供基础性、词源性的概念铺垫。持有作为社会语言符号所代表的具体事物，即便其含义存在现实日常生活与专业领域的划分，但二者也存在某种无法割裂的关联。原因在于二者都构建在语义学基础之上，经由基本含义引申发展而成。在对持有的刑法学概念进行探讨时，不能脱离持有的语义学含义。

二、持有的刑法学含义

刑法上的持有不同于日常生活中以及其他部门法中的持有，其意味着相关人员的持有被刑法禁止，一旦违背这种"禁令"，就可能需要承担刑事责任甚至身陷囹圄，故而对其内涵的界定，应当审慎为之。

作为刑法术语，持有在我国最早出现在1935年《中华民国刑法》中。该法第20章第263条规定：意图供犯本章各罪之用而持有鸦片、吗啡、高根、海洛因或其他化合质料或专供吸食鸦片之器具者，处拘役或500元以

---

① 参见中国社会科学院语言研究所词典编辑室编：《现代汉语词典(第7版)》，商务印书馆2016年版，第175页。

② 参见《兰登书屋韦氏美语学习词典》，外语教学与研究出版社、兰登书屋出版集团1997年版。

③ 《法学词典》编辑委员会编：《法学词典(增订版)》，上海辞书出版社1984年版，第666页。

下罚金。我国台湾地区对持有的研究开展较早，主要围绕民法占有与持有的区别等方面展开，取得了一定成果。日本刑法中的所持一词与持有相似，在刑法上被用作盗窃与侵占罪区别之标准。①

当前，大多数学者均认可刑法学中的持有是主体与客体之间所形成的一种关系或状态，但在具体表述上，又存在分歧。主要存在关系说、状态说以及行为说三种观点。关系说认为，持有就是主体对特定物品在事实上的支配关系，包括占有、保管等形式。②状态说则主张持有客观上表现为对特定物品的支配的状态。③从本质来看，这两种观点并无区别。行为说认为持有特指违反规定对管制物品实施支配与控制的行为。④以上观点实际形成了行为说与状态说的争论。所以，研究持有型犯罪的首要问题在于，持有到底是行为还是状态。

纵观学界已有研究，将持有视为状态的主张不在少数。这种观点有一定合理性，因为持有首先表现为一种持续的、稳定的静止状态。但我们讨论的持有毕竟是刑事法律中的专门词汇，对其解读应当符合刑法理论的基本逻辑。所谓无行为即无罪犯，若将刑法中的持有作"状态"认定，则会不可避免地出现不可自洽之处。关于持有的刑法学含义，可以从以下几个方面来展开讨论。

第一，持有应当属于危害行为范畴。刑法以调整人的行为作为主要方式发挥作用，其调整对象必须与人有关。状态说打破了刑法行为理论的框架，面临诸多障碍。笔者认为，我国刑法体系已经发展得较为完整成熟，不宜因持有型犯罪问题而动摇行为理论根基，这既不经济也无必要。自然界中客观存在的状态，比如深山里弥漫的瘴气，即便对人有害，也不构成犯罪。所以，并非这种状态本身构罪，而是刑法要对引起这种状态产生的人施以否定性评价。这也是持有行为犯罪化的原因力之一。

第二，持有型犯罪的行为与状态的统一性是其最大特征。单纯的状态

① 参见史尚宽：《论占有与持有》，载史尚宽：《民刑法论丛》，荣泰印书馆1973年版，第444页。
② 陈正云、李泽龙：《持有行为——一种新型的犯罪行为态样》，载《法学》1993年第5期。
③ 饶景东：《议持有型犯罪》，载《中外法学》1993年第6期。
④ 于英君、张志勇：《论持有型犯罪的立法完善》，载《法学》1996年第5期。

与导致持有状态产生的行为不一定为刑法所禁止，但刑法所设定的持有型犯罪，一定是在一定行为之下所形成的稳定的、持续的状态，且在这种行为作用下形成的状态为刑法所禁止。无行为即无犯罪。对行为人的刑法否定性评价来源于行为人对特定危险或实害等刑法禁止出现的状态的维系。也正因此，持有型犯罪绝不能局限于状态本身，而应当从状态背后寻找持有行为犯罪化的正当依据。行为人作为行为与状态的主导，是区别于一般状态的根本所在。

第三，持有本身即可表现为积极的或消极的身体动静。从刑法犯罪构成要件来看，所谓行为，均是具有社会意义的身体动静。[①]通说认为，危害行为是在人意识支配下的引起危害社会结果的行为举止。[②]但危害行为亦未将身体的静态情形排除在外。所以，具有静态、持续特征的持有状态进入危害行为的范畴并不唐突。持有也符合在主观意志支配下的身体活动这一特征，与刑法的行为理论并无本质上的根本冲突。

持有除了具有作为危害行为的特征，还对持有的状态有所要求。从客观要件来看，必须是以法律规定的物品为对象的持有才能成为刑法中的持有。行为人直接持有特定物品被称为事实上的占有与支配。但刑法中的持有在行为方式上允许行为人与特定物品的占有、支配之间出现物理分离，这种情况也被称为法律上的占有与支配。通常行为人直接占有和控制特定物品来实现事实上的持有，也可能表现为借助其他人来实现对特定物的间接控制和支配，还可能表现为非事实上的控制与支配，也即法律上的支配。比如，国家工作人员将其持有的超过合法收入水平的巨额财产存入银行，其对这些财产的持有就是法律上的占有，因为存款实际上是其对银行享有的一种债权，相应的货币由银行占有。

综上所述，刑法中的持有，作为某一特定类型的行为族群，就是指行为人明知控制、支配特定物品的行为为法律所禁止，仍有意识地对相应物品实施事实上或法律上的控制与支配行为。

---

① 李海东：《刑法原理入门》，法律出版社 1998 年版，第 31 页。

② 参见马克昌主编：《犯罪通论》，武汉大学出版社 1995 年版，第 156、158 页。

第二节 持有型犯罪的概念

概念是开展法学研究的前提。持有型犯罪概念是研究持有型犯罪相关问题所绕不开的问题。但从现有研究来看,整个学术界对于持有型犯罪概念的研究并未给予应有的重视,进而使得对持有型犯罪的研究和认定出现误解和偏差,在一定程度上影响了持有型犯罪理论的发展与深化。准确把握持有型犯罪的概念和定义,对于开展持有型犯罪理论研究具有积极意义。

一、持有型犯罪概念的规范意旨

概念,是人类认识事物的基本方式,是认知思维的结果。概念在哲学上被认为是认识对象的本质属性作用于人的意识而产生的思维反映。受此影响,我国法学界很多学者认为,“法律概念作为一种思维形式,与其他概念一样都是反映事物本质的”。[①]据此,我国法学界对于法律概念的主流观点认为,“法律概念是对各种法律事实和法律现象的概括,抽象出它们的共同特征而形成的权威性范畴”。[②]哲学是建立在物质基础上的社会意识形态,其以整个世界一切事物、现象的共同本质和普遍规律作为研究对象,法学(法哲学)作为社会意识形态范畴下的下级子项,势必受到哲学的影响。从整个意义上说,从上述法哲学思维出发思考法律概念固然有其合理性,但这样的思考只看到了法学概念与哲学概念在形式上的共性,却忽视了二者的内在差异。在概念的共性基础上,以“法律”冠之,则突出了其法律属性,此为法律概念区别于其他概念的根本特征。“从根本上来说,任何法律概念都不是自然形成的,而是人为约定的,是一种‘社会契约’的产物。所以,一个国家的立法机构在制定法律时,总要根据统治阶级的利益和本国的实际情况,提出一系列法律概念,并对这些概念作出统一和带有明显功利色彩的规范性解释,以让各级司法机关在理解和执行法律时,不致造

① 白庆祥、韦淑梅、高家方主编:《逻辑学基础》,中国人民公安大学出版社 2003 年版,第 30 页。
② 李龙主编:《法理学》,人民法院出版社、中国社会科学出版社 2003 年版,第 68 页。

成混乱和差错，这样既能维护统治阶级的既得利益，又能保障国家生活基本稳定。”①

将法律概念简单地视为哲学中的概念在法律领域的延伸，并由此出发抽象地分析法律概念内涵，势必会忽视法律概念应该具有的规范意旨，不利于把握立法者通过法律概念所欲表达的立法目的或价值诉求。同时，在更深层次上，也会忽视特定社会结构所决定的法律应承载的社会功能。如果仅根据法律概念与哲学概念在社会意识层面的共性，就将法律概念机械地理解为哲学概念的法律化，将会导致法律概念规范性目的的缺位。立法者的立法目的与价值立场无从借助法律概念表达，法律在特定社会结构下承载的社会功能也将无处安放。法律概念的根本特征在于，其基于法的规范性要求而背负了法律价值载体与法律规范功能的维系之重任。“作为整个概念体系组成部分的法律概念，虽也是反映事物本质属性的思维形式，但与形式逻辑所强调重点并不相同。法律概念作为法律规定或法律体系的细胞，有其自身独特的抽象或归纳。”②换言之，法律概念的规范性表明，从事实到归责的过程，涵摄着人类心智努力以法律的特有视角和方式细致地刻画与解释社会生活。法律概念便是人们在对社会生活的刻画与解读中，通过法律规范方法进行高度抽象概括所分离出的法律世界③的产物。

我国台湾地区学者黄茂荣先生对法律概念的规范性做过非常深刻的研究。他认为，法律是社会生活的行为规范，但规范并不是制定法律的目的，法律是以和平的方法实现公平的一种手段，促进公平之和平实现才是法律之根本。所以，法律概念的诞生并非毫无目的：作为行为规范，法律的制定或者为人们所接受，本就是意图借助法律达到和平实现公正的目的，那么法律概念的设定也必须考虑拟借助该法律概念来达到的目的或实现的价值。换言之，必须考虑法律概念是否具备实现所期待之目的或价值的功能。因此，法律概念既然是为了一定目的而被设计组合在一起，借助于其功能的发挥，将正义在人类的共同生活中实现，那么，功能或价值便可以

① 张全兴：《法律概念的构成及其逻辑特征》，载《四川省公安干部管理学院学报》1996年第2期。
② 陈金钊：《论法律概念》，载《学习与探索》1995年第4期。
③ 张超：《法律：一个理性空间》，载《读书》2005年第3期。

说是赋予法律概念以生命，这就是法律概念的规范旨意。①

根据以上分析可以得出，在法律概念的研究中，刻画与解释社会生活是法律概念的基础，但法律概念所背负的希冀不能被忽略：实现人们对于公平正义的期待。据此，可以进一步引申出法律概念的规范化根源主要在于：立法目的、法律价值与法律功能。

1. 立法目的

现代社会中的法律，特别是在大陆法系国家，都是通过专门的立法机关按照一定的权限和程序所制定的。任何法律都有一定的立法目的，即立法者通过立法所欲达到的目标与效果。显然，立法目的是构成法律概念规范性的直接根源。以知识产权客体为例。早期知识产权立法目的在于鼓励创新，于是创新性或创造性就成为知识产权客体规范性的主要特征，而在现代知识产权立法更强调知识信息的流动和共享，因此其创新性特征就被淡化了许多，一些并不具有创新性的知识产品现在也可以成为知识产权客体。可见，法律概念的规范性体现了立法者所欲实现的规范目标，或者说法律概念是一种实现立法目的的手段。

2. 法律价值

法律价值与立法目的具有紧密的联系。法律价值就是法律要满足人们对公平正义需要的属性，立法目的则是将以实现公平正义为核心的法律价值作为目标的立法动机和要求。从某个方面来说，立法目的就是法律价值在立法活动中的根本价值追求。所以，法律概念作为实现立法目的的手段，具有规范性和价值性双重特征。法律概念之“概念化”只是手段，不应忽略其规范目的——对社会公平正义实现的期待。法律概念的形成包括对象特征取舍与价值承载的判断，法律价值是法律概念规范意旨的来源，也直接影响对概念特征的取舍。

进一步思考，就会发现上述观点在提供有益借鉴的同时，仍然存在一些局限。事实上，法律概念所承载的法律价值作为社会意识的一部分，本身就有很大的不确定性。首先，法律价值本身的内涵就很难界定。比如公

① 黄茂荣：《法学方法与现代民法》，中国政法大学出版社 2001 年版，第 53 页。

平正义，至今对于如何理解公平正义尚存在争议，且随着社会发展与历史变迁，公平的内涵也在不断变化。在不同的文化传统中，公平正义所承载的意义也存在不同。其次，多元化的法律价值可能会彼此冲突。比如，公正与效率价值之间的冲突如何调适，至今仍是一个难题。所以，在肯定法律概念承载法律价值的同时，如何选择和确定法律价值以及解决不同价值之间的矛盾冲突，仍旧困扰着我们。

3. 法律功能

从法社会学的视角出发分析法与社会发展的关系，可以发现法律概念不仅因其文化属性而承载特定社会群体的价值追求，同时也是个社会概念，作为特定社会结构的产物，发挥该社会结构所决定的社会功能。二者看似没有关联，实则联系密切：特定社会群体的价值追求并非凭空而生，也并非仅受社会文化传统影响，而是随着社会结构的发展变迁而变化。特定群体的价值取向源于社会需求，而这种社会需求就是特定社会结构的产物。“法律概念可以因国家、法律制度、社会制度等不同而不同，但其功用及逻辑特性却是共同的。”①

法社会学的分析为我们提供了审视法律概念规范性的崭新视角，也就是社会结构功能主义视角。按照社会结构理论，法律概念的规范性根源不仅仅在于其所承载的特定群体的价值观念，还在于具体社会结构所决定的法律制度的社会功能。换言之，法律概念在功能上是为了满足社会需求而生，其内涵也可以通过对社会主体的需求来分析确定，而且这种社会主体的需求并非盲目的，也是为特定社会结构所决定的。

总而言之，法律概念并非哲学上的概念在法学领域的自然延伸，承载和传达立法规范的意图是其区别于其他概念的典型特征。所背负的立法取向也要受到特定历史社会结构的影响。归根结底，立法者的价值追求就源于特定条件下的社会结构。所有的概念都需要文字表达，但法律概念颇为特殊：其文字表达可以保持不变，但承载和传达的规范意旨应当具有包容性，能够实现社会规范层面的稳定性与发展性。对于持有型犯罪概念的

① 沈宗灵：《现代西方法理学》，北京大学出版社1992年版，第153页。

研究,也应当遵循上述思路。

二、持有型犯罪定义的诠释

(一)现有持有型犯罪概念观点的评述

持有型犯罪理论与立法均源自英美法系国家,我国对于持有型犯罪的研究起步较晚。20世纪90年代非法持有毒品罪的设立,引发了刑法学界的研究热情,取得了一定的理论成果,一定程度上推动了我国持有型犯罪刑事立法的进程。时至今日,刑法理论界关于持有型犯罪的概念的研究,主要有以下几种观点:

第一种观点认为,持有型犯罪是指无法证实存在实施其他犯罪的目的而持有管制物品的行为。[①]第二种观点认为,持有型犯罪是以行为人支配、控制特定物品的不法状态为基本构成要素的犯罪。[②]第三种观点认为,持有型犯罪是指犯罪客观要件为持有的犯罪,并且这种持有不被视为他类罪行的修正形式(预备、共犯)。[③]第四种观点认为,持有型犯罪是指违反规定擅自以购买、携带、保管、借用或者其他方式持有管制类物品的行为。[④]第五种观点认为,持有型犯罪是指因持有产生的不法状态可以归属于特定主体,从而引起对该主体施加刑罚的犯罪。[⑤]

从上述观点的分析中不难看出,对于持有型犯罪概念的界定,基本上是从行为违法性(即违反法律规定)、对象违法性(管制物品或法律禁止持有物)、行为方式(购买、携带、保管等形成的事实支配或控制的状态)、应受刑罚处罚性等方面展开。这种思路具有一定的合理性,但也不可避免地存在缺陷和不足。首先,第一种和第四种观点将持有型犯罪对象限定为管制物品。然而,就当前国内外立法与司法实践来看,将持有物限定为管制物品过于狭窄,会不当限缩持有型犯罪的涵摄范围,不符合立法精神以及司

① 参见龙洋:《非法持有型犯罪问题的研究》,载《中外法学》1999年第3期。
② 参见梁根林:《持有型犯罪的刑事政策分析》,载《现代法学》2004年第1期。
③ 邓斌:《持有犯研究》,吉林人民出版社2004年版,第11页。
④ 阮方民:《论非法持有犯罪》,载《法学家》1993年第2期。
⑤ 参见冯亚东:《试论刑法中的持有型犯罪》,载《中国刑事法杂志》2000年第1期。

法实践的需要。其次，第一种观点认识到持有型犯罪的补充地位，认为在不能确定是其他犯罪时才构成，第三种观点亦是如此，对于揭开持有型犯罪的面纱具有积极意义，但在一般违法行为与刑事犯罪的区别上无法提供明确指引。最后，第二种观点以支配或控制取代持有的表述，避免了同位语重复。将持有解释为实际支配或控制也有一定的科学性，但对于持有的性质至今仍存在激烈争论，支配、控制的解释自然存在不同意见。另外，第五种观点以主体与不法状态的归属关系进行界定，具有开创性的意义，但几乎所有的犯罪均是犯罪产生的不法状态归咎于行为人。因此，该观点在概念之间的界定区分方面乏力，无法划定此罪与彼罪概念的界限。

（二）持有型犯罪概念的重新诠释

根据法律概念的规范性根源来探究持有型犯罪的概念，应当包含描写事实层面的设计与立法目的、法律价值、法律功能等的整体思考与法律表达。具体而言，持有型犯罪的概念至少包含两个层面的因素。

1. 立法目的、法律价值与法律功能层面

持有型犯罪在某些场合也被认为是危险犯，认为非法持有行为创设了法律所不允许的风险，对社会造成了潜在威胁，刑法以施加刑罚来表达否定性评价立场，目的就在于保护统一的社会秩序与安定的生活环境。法律价值与法律功能是一体两面，法律价值是其正面积极性的评价，法律功能则是其实现价值所发挥的必要属性。就刑法对于持有型犯罪的立场而言，确保社会秩序稳定与公共安全就是刑法对于持有型犯罪规制的功能要求，也是意图实现的立法价值所在，具体表现为通过相关的法律实施来发挥刑法规制的功能，最终实现立法目的与法律价值。需要注意的是，法律概念所要表达和承载的立法目的、法律价值与法律功能并非必须通过直接的文字表述体现在概念中。对于以事实层面的描写以及法律评价的表达能够体现相关价值与功能目的的部分可以省略，这样既符合法经济学的要求，也不至于使得法律文本过于臃肿。

2. 描写事实层面

首先，重新诠释持有型犯罪的概念不能脱离对行为人主观方面的考察。

主客观相统一原则是贯穿刑法的总线之一,其不仅适用于立法、司法环节,对于刑法理论研究同样适用。对于刑法概念的研究,不能缺少对行为人主观方面的考虑。但这种主观考察并不一定要在概念的文字表述中予以明确记载,除了通过直接的文字来阐述行为人主观特征之外,还存在间接表达方式。比如,我国刑法关于危险驾驶罪的条文:"在道路上驾驶机动车,有下列情形之一的,处拘役,并处罚金:(一)追逐竞驶,情节恶劣的;(二)醉酒驾驶机动车的……"从该条文可以看出,刑法并未在危险驾驶罪的罪状中明确规定行为人的主观心态,但这并不意味着危险驾驶罪不要求主观罪过。根据一般生活经验法则,危险驾驶罪中的追逐竞驶、醉酒驾驶等情形往往都有明显的蓄意性。危险驾驶罪的概念中没有主观特征要素的规定,司法实务中一般是通过具体行为来判断、推敲行为主体的主观心态。但也有一些刑法罪名不能通过客观行为来推导行为人的主观心态,需要在刑法中明确规定主观要件。比如故意杀人罪,之所以加"故意"限定词,就是要与过失杀人进行区分,因为二者在客观方面具有相似性,但刑法评价和法律后果却是截然不同的。所以,对于刑法概念中主观方面的考察并非无意义之举。刑法中规定的持有型犯罪明显属于故意犯罪,主观明知下的客观持有必然带有有意性特征,但在持有主体的主观要件方面仍然存在故意与过失之分,而故意犯罪的设定使得过失持有行为并非刑法评价的对象。此时,区分过失持有与故意持有的意义就自然而然显现出来。因此,强调行为人的主观心态在持有型犯罪概念的表达中很有必要。

其次,重新诠释持有型犯罪的概念不能忽略对持有对象的研究。

在某种意义上,持有型犯罪作为一种特殊的危险犯,是否会危害社会以及危害的大小往往由其行为对象而非行为本身所决定。持有作为一种常态化的日常行为,本身无所谓危险与否,只有与特定物品对象结合之后,才会产生危害社会的危险或危害。所以,持有对象是决定持有型犯罪是否成立的关键要素。对我国现行刑法进行梳理可以发现,当前我国持有型犯罪规定的犯罪对象主要包括:宣扬恐怖主义、极端主义物品;国家绝密、机密文件、资料、物品;枪支、弹药、爆炸物;假币;伪造的发票;毒品;毒品原植物种子、幼苗等。

对持有进行分类，主要有以下两种方法。一是行为犯与情节犯。行为犯是指对特定对象一经持有即告罪成，如非法持有国家绝密、机密文件、资料、物品罪；情节犯则是指单纯持有并不必然构成持有型犯罪，只有经由特定因素或情节将危险性放大才成立相关犯罪，如不仅需要存在非法持有宣扬恐怖主义、极端主义物品的行为，还需要达到情节严重的程度才能构成犯罪。二是根据持有对象是否属于违禁品进行区分。有的罪名要求持有对象必须是违禁品，比如持有假币罪中的假币，非法持有枪支、弹药罪中的枪支、弹药；有的罪名则无此规定，如巨额财产来源不明罪中的财产。因此，以违禁品作为持有型犯罪对象的表述并不准确，特定物品更适合概括持有型犯罪对象的一般特征。

最后，重新诠释持有型犯罪概念不能忽视持有的行为性质问题。

目前，对于持有的性质，主要存在作为说、不作为说、第三种行为方式说等观点。但究其本质来看，这几种观点均承认持有事实的状态性存在，"目前很难说哪一种观点是通说"。①持有系一定行为下所形成的对持有对象持续、稳定的控制与支配状态，这是事实层面对持有性质无争议的描述。而持有的事实层面的状态属性并不能解决法律层面的争议问题。无论是行为说还是状态说，其本质就在于刑法以何种名义对持有进行规范调整。无行为即无犯罪。状态说并不符合刑法作为行为规范的基本属性，而行为说虽然看到了形成持有状态的前置行为，但持有状态乃是前置行为与支配控制状态的结合，二者不能割裂，故而行为说亦无法解释持有的状态性。持有包含两个方面，一是实现对特定物品的控制的行为，二是实现控制后的客观持续状态。所以，引起行为人对特定对象的控制、支配关系的行为以及这种控制、支配关系持续的状态即为持有。

总的来说，违反刑法规定持有特定物品的行为，在抽象危险犯视角下因创设了刑法所不允许的风险，对社会造成潜在威胁，而被立法推定为具有抽象危险，被纳入法益侵害范围。刑法作为具有严厉惩罚性的社会行为规范，目的就在于保护统一的社会秩序与安定的生活环境。具体到持有型

① 高铭暄、马克昌主编：《刑法学》，北京大学出版社2016年版，第72页。

犯罪刑法规制方面，就是要通过对特定物品的支配、控制行为的规制来保障社会秩序稳定与公共安全。换言之，就是将对特定物品的持有从广义持有中剥离出来，以持有型犯罪的名义施加刑罚来表达否定性评价立场。持有型犯罪中的持有，是客观上对物的支配、控制与主观上的有意性的结合，主观心态上存在故意与过失之分，但过失持有行为并非持有型犯罪刑法评价的对象，故而在持有型犯罪概念表达中应当强调行为人的主观心态。综上所述，可以对持有型犯罪重新定义如下：违反规定，故意对刑法所禁止的物品实施支配、控制行为从而引发刑法违法性评价，依法应受刑罚处罚的一种犯罪类型。

第三节　持有型犯罪的特征与类型

一、持有型犯罪的范围

本书所指持有型犯罪，主要包括现行刑法中的九个罪名：(1)第 120 条之六非法持有宣扬恐怖主义、极端主义物品罪；(2)第 128 条第 1 款非法持有、私藏枪支、弹药罪；(3)第 172 条持有假币罪；(4)第 210 条之一持有伪造的发票罪；(5)第 282 条第 2 款非法持有国家绝密、机密文件、资料、物品罪；(6)第 348 条非法持有毒品罪；(7)第 352 条非法携带、持有毒品原植物种子、幼苗罪；(8)第 395 条第 1 款巨额财产来源不明罪；(9)第 177 条之一妨害信用卡管理罪。

对于巨额财产来源不明罪的行为方式，存在两种观点。一种观点认为该罪是不作为犯罪，行为人的财产或支出与其收入差距悬殊只是前提事实，不能说明合法来源才是本罪的实行行为。①另一种观点认为，该罪的本质特征是持有，针对的是持有巨额财产的行为，而非不能说明合法来源。②笔者认为，该罪实际是适用法律推定的结果。刑事立法在持有明显

① 张云鹏：《刑事推定论》，法律出版社 2011 年版，第 82 页。
② 参见储槐植：《刑事一体化》，法律出版社 2004 年版，第 185 页。

超过合理收入水平的巨额财产，且持有人无法说明合法来源的情况下，推定巨额财产为非法所得。当然，这种推定应当允许行为人进行反驳。所以，对被推定为非法的财产的持有才是本罪的实行行为，理所当然应当纳入持有型犯罪中。

有观点认为，《刑法》第130条规定的非法携带枪支、弹药、管制刀具、危险物品危及公共安全罪以及第297条规定的非法携带武器、管制刀具、爆炸物参加集会、游行、示威罪也属于持有型犯罪。[①]他们认为，持有可以表现为占有、携带、私藏、保存等形式。1994年12月最高人民法院《关于适用〈全国人民代表大会常务委员会关于禁毒的决定〉的若干问题的解释》中将非法持有毒品罪中的"持有"解释为占有、携带、藏有或其他方式持有毒品的行为。而在某些特殊情形，比如在公共场所或公共交通工具上，行为人持有的形式只能表现为携带。故而，上述法条表述中使用"携带"，实质上就是使用了持有的具体形式。与此相对，也有学者认为，这两个罪名并非仅仅根据行为人对特定物品的持有就认定成立犯罪，还必须与进站、上车，参加集会、游行、示威等行为相结合才成立犯罪，在犯罪构成上与持有型犯罪明显不同，不具有持有型犯罪所特有的政策目的与功能，因而不宜归入持有型犯罪。[②]笔者同意后一种观点。上述两个罪名中的携带枪支、管制刀具等并非实行行为，只是行为主体进入特定场所时伴随的情状，真正的实行行为是"进入"和"参加"，正如携带凶器盗窃的实行行为是盗窃而非携带凶器一样，不宜将上述两罪名列入持有型犯罪。

二、持有型犯罪的特征

特征，意指某一事物异于其他事物的特点。罪名的特征，顾名思义，即该罪名异于其他罪名的特点。个罪的特征为我们区分不同刑法罪名提供了凭据，而对刑法罪名特征的把握则须依靠对犯罪构成要件、个罪在刑法体系中的地位以及司法实务判断标准等因素综合分析。

① 参见陈兴良主编：《刑法总论精释（上）》，人民法院出版社2016年版，第182页。

② 参见李本灿：《巨额财产来源不明罪实行行为的重新界定：非法获取》，载《政治与法律》2014年第7期；陈洪兵：《持有型犯罪的立法扩张与司法限缩》，载《北方法学》2017年第2期。

（一）持有行为的非法性特征

我国持有型犯罪九个罪名中，持有伪造的发票罪、持有假币罪、巨额财产来源不明罪三个罪名以及妨害信用卡管理罪中持有伪造信用卡或伪造的空白信用卡情形中对持有一词未加“非法”的限定词，非法持有毒品罪等其他五个罪名以及妨害信用卡管理罪中非法持有他人信用卡的情形中，均存在“非法”持有的定语限制。这是因为，未加“非法”限定语的除巨额财产来源不明罪以外的三个罪名的犯罪对象分别是伪造的发票、假币、伪造的信用卡或空白信用卡，这类物品均为违禁品，其存在本身就是非法的。对非法存在的物品的持有，自然也具有非法性，所以无需通过增加“非法”的限定语来强调行为的非法性。带有“非法”限定语的持有，则是意在与合法持有的情形相区分，比如非法持有毒品与合法持有麻醉药品。所以，持有行为的非法性是持有型犯罪的共性特征。

物品可以分为普通物品与管制物品。对普通物品的持有与民众日常生活中的其他一般行为无异，主要由民事法律进行调整。而持有管制物品则属于非常态化的持有，管制物品因其特殊性质，往往存在行政法、刑法上的特殊规定。根据持有资格的有无，对管制物品的持有又可以分为有授权与无授权两种，前者如麻醉师持有麻醉药品，后者如普通公民非法持有枪支。而作为刑法罪名，持有型犯罪主要是针对没有授权而持有管制物品的行为，也即其具有鲜明的非法性特征。

持有非法性的判断，主要包括两个因素：一是有无获得持有的授权，二是持有对象的性质。就前者而言，获得国家授权的主体依法持有的行为自然被排除在犯罪之外，所以，持有型犯罪的规制对象主要是未获得准许持有资格的主体。而持有对象的性质直接决定了对该对象的持有是否需要申请法律的授权。因此，对于持有非法性的判断，更多的是从持有对象的性质上进行。如此可以推导出这样一个结论：持有非法性符合“持有＋特定物”模式，单纯持有行为不产生刑法上危害社会的结果，本罪规制的重点在于持有与特定对象结合后所产生的危害社会的风险。

（二）持有对象的法定性特征

对我国现行刑法中的九个持有型犯罪的对象进行分析不难发现，无论是非法持有枪支、弹药罪中的枪支、弹药，还是非法持有毒品罪中的毒品，均属于国家管制物品范围，仅巨额财产来源不明罪与非法持有宣扬恐怖主义、极端主义物品罪属于例外。但并非所有国家管制物品均能成为持有型犯罪的犯罪对象。比如，易燃液体、禁止进出境物品等均属于国家管制范围，但以其为对象的持有行为并未纳入刑法规制范围。一般而言，物品本身的危险性是国家管制物品被划入本罪犯罪对象的首要因素。正是因为管制物品具有危险属性，其存在本身即在一定程度上具有损害国家安全、社会稳定的危险。此处的危险，可以是有害于人身安全，如枪支、弹药、毒品，也可以是作用于精神层面的东西，如非法印刷物、淫秽物品。所以，国家必须对其实行特殊的管制。①

虽然同属于国家管制物品范围，但不同管制物品之间存在危险性大小的区别。在引入刑法手段进行规制时，必须考虑其危险程度是否达到确实需要刑法介入的相当性，是否符合刑法谦抑的精神。正因为如此，对国家管制物品的规制分为行政手段与刑法手段，行政法律规范调整危险性较小的持有行为，刑法规制可能危及社会安全与稳定的非法持有管制物品行为。而罪刑法定原则之下，对持有管制物品的行为进行刑法规制或立法调整，必须按照法定程序进行，这就决定了持有型犯罪对象的限定性，依法定程序调整的要求意味着法定性，如此，法定性便成为持有型犯罪的鲜明特征，只有被刑法纳入规制范围的物品才能成为持有型犯罪的对象。

（三）持有行为性与状态性结合的特征

持有可以分为获取、维系对物品支配、控制状态的行为与对这种稳定的、持续的状态的客观描述两种意义，分别对应的是持有的行为性特征与状态性特征。此点也是引发刑法学界争论不断的根源所在。实际上，事实层面的状态性特征作为持有的本质特征，已为大多数学者所接受。持有的状态性集中表现在行为主体与对象之间的支配、控制状态，这种状态又存在保管、携带等多种具体表现形式。持有在事实层面的状态性而非行为

① 巨额财产来源不明罪是个特例。通常财产本身无所谓危险性，巨额财产来源不明罪中将持有巨额来源不明的财产规定为犯罪，主要是推定财产系对国家工作人员廉洁性的侵犯而来。

性,实质是保持对物的支配与控制状态并不一定要求存在身体上的动静。比如,在某些场合,非法持有毒品不一定需要行为人采取积极的身体动作,将毒品藏匿在家中角落,保持在行为人的掌控范围内,即可成立刑法上对毒品的持有。所以,持有也被称为人与物的关系的状态化表现,是状态而非行为。而根据刑法危害行为理论,无行为即无犯罪原则下,持有的行为性特征是其进入刑法规制视野的前提和基础,亦是引发刑法学界多年争论不休的根本所在。而从行为与状态的位阶关系来看,承认持有的事实层面状态性判断,持有的行为性相应地表现为围绕对特定物品的控制与支配状态产生的动态特征,也即身体动静。持有的行为性特征可以表现为实现持有人与持有对象之间的关系的行为,也可能通过保管、藏匿等维持对物品的支配、控制状态。总之,持有的状态性无法涵盖持有的完整内涵,持有的行为性判断亦无法完成内涵的界定任务,持有的状态性与行为性之间固然存在区别,但二者的结合方才构成持有的刑事法律评价的属性基础。

持有型犯罪还有一个突出的特点。其侵犯的客体主要是公共安全,犯罪对象多为法律禁止或国家管制的物品或其他非法物品。而持有行为作为方法行为或结果行为,往往与其他行为构成牵连关系。因此,持有行为入罪的目的还在于隔绝持有行为的上下游犯罪。随着社会发展与犯罪斗争形势的需要,国家对持有型犯罪刑事立法呈现出不断强化的趋势。

三、持有型犯罪的基本类型

正如犯罪概念的界定对于法学研究的重要意义,犯罪特征的研究对于准确把握各罪之间的关系的重要作用,犯罪分类对于罪名的准确适用的作用也不容忽视。目前我国刑法中持有型犯罪一共包含九个罪名,但限于持有对象的不同性质等因素,在对其进行刑法规制时不免存在惩治依据与惩罚范围的差异。准确分类是正确认定和适用刑事法律规范的重要前提。当前持有型犯罪立法模式主要有两种:一是作为实质预备犯情形下的持有特定犯罪工具的独立犯罪构成,如以杀人为目的的持枪行为;二是持有特定物品的行为具有导致重大法益侵害的直接危险,或者掩饰、隐瞒为实施犯罪而持有特定物品的行为,或者仅对特殊义务主体比如国家工作人员所设定的持有型犯罪构成。另外,还存在其他分类标准。

1. 根据是否要求以行为人具有特定目的作为犯罪构成必备要件,分为目的持有型犯罪与非目的持有型犯罪

目的犯是指法律规定以行为人具有某种特定目的作为犯罪构成必备要件的一类犯罪。目的持有型犯罪,就是指法律明文规定行为人必须是为了实施某种特定犯罪而持有用于该犯罪之禁止物的行为。比如,按照韩国刑法规定,只有基于贩卖的目的而持有鸦片,才构成非法持有鸦片罪。与此相对应,非目的持有型犯罪就是法律不要求以行为人的特定目的作为成立持有型犯罪要件,行为人明知自身持有特定物品即可认定罪成。我国刑法中的持有型犯罪都是非目的犯,这样的立法设计,体现了立法者对持有型犯罪的刑事政策考虑,也与我国刑法处罚预备犯的惯例相一致。如果能够证明行为人持有某种特定物品的目的在于实施其他犯罪,则应当以意图实施的犯罪定罪处罚,不再以持有型犯罪评价。

2. 根据是否存在主体限定,分为一般主体持有型犯罪与特殊主体持有型犯罪

一般主体持有型犯罪是指不要求犯罪主体具备特定身份,任何人均可以构成的持有犯,比如持有假币罪、非法持有毒品罪。特殊主体持有型犯罪则要求仅在行为人具备特定的身份时才能构成持有型犯罪,比如我国的巨额财产来源不明罪,不具备国家工作人员身份的主体是不能构成本罪的。巨额财产来源不明罪的犯罪主体仅限于国家工作人员,该罪名被规定在刑法第八章,也清楚地表明了其职务犯罪属性。所以,该罪对持有明显超出合理水平的财产的行为予以刑法评价的主要依据在于,国家工作人员的特定身份赋予其保持职务行为廉洁性的法定义务,而权力天然具有被滥用的可能,国家工作人员很可能借职务之便收受贿赂。当出现存在巨额财产且无法说明来源的情形时,法律确定这样一种立法推定:国家工作人员持有的巨额财产有可能是贪污贿赂等职务犯罪非法所得,但又无法查证确切来源,就根据犯罪主体的特定身份进行推定,以持有型犯罪论处。在这个意义上,巨额财产来源不明罪是在无法查证相关财产是否由贪污贿赂而来时所作出的兜底性规定。从当前各国刑事立法来看,大部分持有型犯罪

的主体均为一般主体。这与刑法保护的不同法益有直接关系。一般主体持有型犯罪侵犯的是国家对特定物品的管理秩序，而特殊主体持有型犯罪则是对特定人员的管理制度的侵害，二者规制的侧重点并不相同。

3. 根据以持有的独立性认定还是作为上下游犯罪的关联犯罪处理，分为实质持有型犯罪与作为预备行为的持有型犯罪

通常而言，对特定物品的持有，既可能是先行犯罪的结果状态，也可能是为实施后续犯罪而做的必要预备，但因为无法证明其他犯罪成立，故法律仅仅将持有行为作为评判对象。比如，非法持有枪支可能是故意杀人罪的预备行为，或者非法制造枪支罪的结果行为，但因无法证明其上游或下游犯罪的成立，刑法就将非法持有枪支的行为作为独立犯罪予以评价。而作为预备状态的持有型犯罪，持有本质上是作为其他犯罪的预备行为而实施的，有些国家（主要是英美法系国家）只处罚部分预备犯或者基于强调的考虑而设置独立的预备罪。比如，《加拿大刑法典》第 87 条规定，任何人为危害公共治安或者犯罪而携带占有武器或武器仿制品，构成可诉罪，处十年以下监禁。①由此可以看出，加拿大采用的是预备行为的持有犯立场。因为这种行为要求预备行为与实行行为之间存在主观联系，所以带有故意犯罪的特征。作为预备行为的持有型犯罪与实质持有型犯罪在犯罪构成尤其是主观要件上存在较大差异，类型化区分很有必要。

第四节　持有型犯罪刑法规制的比较考察

一、持有型犯罪刑法规制的历史考察

不少学者认为持有型犯罪是一个舶来品，是第二次世界大战以后英美法系国家新创设的特殊犯罪形式。实际上，持有型犯罪在我国不仅古已有之，而且是全方位地从政治、经济、社会和精神层面进行干预，深度介入社会生活的各个方面。在中国历史上，持有型犯罪的历史几乎与中国刑律的演进同步。

① 邓斌：《持有犯研究》，吉林人民出版社 2004 年版，第 29 页。

（一）古代中国的持有型犯罪

据考证，持有型犯罪最早出现于战国时期李悝编著的《法经》。明代董说所著《七国考》中有这样的表述：“魏文侯师李悝著《法经》……大夫之家有侯物，自一以上者族。”[①]其中，“大夫之家有侯物，自一以上者族”被视为持有型犯罪的规定。根据《礼记·明堂位》记载，当时的贵族分不同的等级，大夫的地位要低于卿、高于士。[②]“侯物”是指“侯”才有资格拥有的物品。用现代汉语来说，就是指大夫持有侯才能持有的物品，数量达到一件以上就要处以族刑。此即古代的持有型犯罪。禁止大夫持有侯才能拥有的物品，意味着君王持有的物品更不得为其他人所持有，这带有浓厚的维护封建统治等级秩序的色彩。

秦建立起中央集权的专制统治后，颁布焚书令：“禁之便……非博士官所职，天下敢有藏《诗》《书》、百家语者，悉诣守、尉杂烧之。”[③]意思是说，除非担任相应职务，否则不能藏有《诗》《书》等书籍，要上缴官府全部烧掉。[④]从焚书令的内容来看，实质上就是限制和惩治私藏、持有禁书，也就是现代持有型犯罪的古代原型。[⑤]秦朝统治者希望以焚书令来阻断百姓接受“异端”思想的渠道和可能，防止不加控制的民众思想对专制皇权的统治造成威胁。焚书令昭示着中国法制史上对民众进行文化思想禁锢的开端，为后来的历朝历代所沿袭。《唐律·贼盗律》与《唐律·职制律》进一步细化了禁止持有对象的规定。《唐律·贼盗律》规定，“诸造妖书及妖言者，绞……即私有妖书，虽不行用，徒二年”。[⑥]这句话的意思是说，编造妖书、妖言的人，处以绞刑。如果私下持有妖书，即使不用，也要处以两年徒刑。《唐律·职制律》规定：“诸玄象器物，天文，图书，谶书，兵书，七曜历，太一、雷公式，私家不得有，违者徒二年。私习天文者亦同。其纬、侯及论语谶，

---

① 转引自谢时研：《中国监察权规制的理论脉络追溯》，载《贵州省党校学报》2020年第1期。

② 参见李学勤主编：《十三经注疏·礼记正义》，北京大学出版社2000年版。

③ 司马迁：《史记》，中华书局2005年版，第254—255页。

④ 参见司马迁：《史记》，中华书局2005年版，第254—255页。

⑤ 李卫东：《古代中国刑法中具有现代意义的持有型犯罪考》，载《井冈山大学学报（社会科学版）》2015年第6期。

⑥ 参见曹漫之主编：《唐律疏议译注》，吉林人民出版社1989年版，第652—653页。

不在禁限。”[①]这条规定可以看作是对持有型犯罪对象的具体规定，针对性更强。

除了以焚书令等形式进行思想控制之外，封建统治者还通过设置私有兵器罪等罪名来防止叛乱与造反。据史料记载，最早的私有兵器罪出现在汉代。据《汉书·周勃传》的记载，周勃因“常被甲，令家人持兵以见。其后人有上书告勃欲反，下廷尉，逮捕勃治之”。[②]意思是说，周勃让家中奴仆持有兵器，被人告发谋反后交廷尉逮捕治罪。由此可见，当时持有兵器以谋反论处。到了唐代，私有兵器罪得到进一步发展。《唐律·擅兴》：“诸私有禁兵器者，徒一年半。弩一张，加二等；甲一领及弩三张，流二千里；甲三领及弩五张，绞……私有甲、弩，非全成者，杖一百；余非全成者，勿论。”[③]“甲、弩、矛、具装等，依令私家不合有……其旌旗、幡帜及仪仗，并私家不得辄有……”[④]根据《唐律·擅兴》的规定来看，唐朝的私有兵器罪覆盖面更为广泛，不只平民百姓，王公大臣亦在限制之列。宋元刑律在继承唐律的基础上，对持有对象进行扩充。宋刑统将作为重要的战争工具的马纳入私有兵器罪的范围，元朝进一步扩展禁止私有的兵器范围，可以作为武器的铁尺、铁骨、铁拄杖，甚至菜刀都被列入管制范围。明代出现了火器，相应地增加了军火，清朝在明代基础上进行了修正。总的来说，中国历代统治者对持有兵器进行严厉打击，体现了其维护封建专制统治的鲜明特征。

除了禁止持有可能危及统治秩序的物品外，可能引起社会混乱的对象也被列入禁止持有的对象之列，自秦始，至清朝，历代刑律中都明确规定严禁私藏私有毒药、淫物、玄象器具等物品。汉朝《二年律令》记载：有挟毒矢若堇毒，及和为堇毒者，皆弃市。[⑤]这里的堇，是一种有毒的植物。据此可以看出，汉律不允许持有能伤及人身安全的有毒物质。《唐律》中规定了私

---

① 参见曹漫之主编：《唐律疏议译注》，吉林人民出版社1989年版，第392—393页。

② 班固：《汉书》，中华书局2002年版，第2056页。

③ 参见曹漫之主编：《唐律疏议译注》，吉林人民出版社1989年版，第605—607页。

④ 曹漫之主编：《唐律疏议译注》，吉林人民出版社1989年版，第605页。

⑤ 张家山二四七号汉墓竹简整理小组编著：《张家山汉墓竹简[二四七号墓](释文修订本)》，文物出版社2006年版。

有迷信玄学书籍的犯罪，违者要处以“徒二年”。古代社会生产力水平和知识水平低下，统治者对持有此类物品往往采取严厉措施予以惩治。这一传统在古代各朝刑律中得到传承，一直延续到《大清律例》。

（二）近代以来对古代中国刑律中持有型犯罪的继承

民国的建立，正式宣告我国封建统治的结束。国家各项制度经历重大变革，开启由传统向现代迈进的新时期。民国时期的刑法同样进入了新的变革与发展阶段，但其毕竟与中华法系一脉相承，对清末《大清新刑律》有所继承也是应有之义。古代刑律中的持有型犯罪被民国刑法所继承，比如规定有“持有毒品、种子、施用毒品器具罪”。民国刑法以列举的方式，将禁止持有的物品在具体条文中予以明确。较之于古代刑律，民国刑法受罪刑法定原则影响深刻，其持有型犯罪的立法中，将持有对象进行明确列举，而非如古代刑律中的“列举＋概括”描述方式所呈现出的类推定罪特征，带有浓重的专制主义色彩。

（三）新中国成立以来我国持有型犯罪的立法演变

持有型犯罪立法的发展伴随新中国经济社会发展与法治的进步而逐步发展完善。到 1988 年，面对日益严峻的反腐斗争形势，全国人民代表大会常务委员会通过《关于惩治贪污罪贿赂罪的补充规定》。其第 11 条规定：国家工作人员的财产或者支出明显超过合法收入，差额巨大的，可以责令说明来源。本人不能说明其来源是合法的，差额部分以非法所得论，处五年以下有期徒刑或者拘役，并处或者单处没收其财产的差额部分。这就是巨额财产来源不明罪。该罪名将不能说明来源合法的财产的差额部分以违法所得论，具有鲜明的法律推定属性，同时也表明该罪具有“堵漏”的功能。

1990 年全国人民代表大会常务委员会颁布《关于禁毒的决定》，该决定第 3 条规定：禁止任何人非法持有毒品。非法持有鸦片 1000 克以上、海洛因 50 克以上或者其他毒品数量大的，处七年以上有期徒刑或者无期徒刑，并处罚金；非法持有鸦片 200 克以上不满 1000 克、海洛因 10 克以上不满 50 克或者其他毒品数量较大的，处七年以下有期徒刑、拘役或者管制，可以并处罚金；非法持有鸦片不满 200 克、海洛因不满 10 克或者其他少量毒品的,依照第 8 条第 1 款的规定处罚。由此,非法持有毒品行为正式列入刑法规制范畴。围绕这一崭新的持有型罪名,刑法学界进行了多样化研究,掀起一波持有型犯罪理论研究高潮。1995 年全国人民代表大会常务委员会通过的《关于惩治破坏金融秩序犯罪的决定》中规定了持有假币罪。该决定第 4 条规定:明知是伪造的货币而持有、使用,数额较大的,处三年以下有期徒刑或者拘役,并处 1 万元以上 10 万元以下罚金;数额巨大的,处三年以上十年以下有期徒刑,并处 2 万元以上 20 万元以下罚金;数额特别巨大的,处十年以上有期徒刑,并处 5 万元以上 50 万元以下罚金或者没收财产。

1997 年《刑法》吸收上述单行刑法相关规定,并增设若干持有型犯罪,标志着我国持有型犯罪的刑法规制体系初步建立。后来,我国刑法修法由颁布单行刑法改为修正案的形式。2005 年《刑法修正案(五)》第 1 条增设妨害信用卡管理罪,将非法持有他人信用卡,数量较大的行为,以及明知是伪造的信用卡而持有,或者明知是伪造的空白信用卡而持有,数量较大的行为,规定为妨害信用卡管理罪。2011 年《刑法修正案(八)》决定在《刑法》第 210 条后增加一条,作为第 210 条之一:明知是伪造的发票而持有,数量较大的,处二年以下有期徒刑、拘役或者管制,并处罚金;数量巨大的,处二年以上七年以下有期徒刑,并处罚金。单位犯前款罪的,对单位判处罚金,并对其直接负责的主管人员和其他直接责任人员,依照前款的规定处罚。这就是持有伪造的发票罪。从法条可以看出,我国刑法规定持有伪造的发票罪可以由单位构成。2015 年《刑法修正案(九)》决定在《刑法》第 120 条之一后增加五条,其中《刑法》第 120 条之六规定:明知是宣扬恐怖主义、极端主义的图书、音频资料或者其他物品而非法持有,情节严重的,处三年以下有期徒刑、拘役或者管制,并处或者单处罚金。这就是非法持有宣扬恐怖主义、极端主义物品罪。至此,形成了现行刑法中囊括九个罪名在内的较为完善的持有型犯罪刑法规制体系。这九个罪名构成了我国刑法中的持有型犯罪的罪名体系,是研究我国持有型犯罪的规范依据。

综上所述,我国持有型犯罪历史源远流长,伴随着社会的进程而不断发展变化。社会物质决定社会意识。从设置"大夫之家有侯物"之罪维护封建社会等级制度,到颁布焚书令对民众进行思想控制,再设置私有兵器罪防止叛乱造反等,皆与当时的社会历史背景紧密相连。从持有型犯罪的规定来看,包括武器、书籍、毒药、占卜、星象、淫物等敏感、危险物品,可以说广泛涉及社会生活的各个方面。古代刑律中的持有型犯罪在立法和适用方面具有广泛性、惩罚严厉性等特征,带有鲜明的维护封建社会等级制度和封建王权制度的烙印。及至现代,刑法以其严厉惩罚性与有力震慑性成为统治阶级维护统治的主要手段之一,依然带有相应的功能属性。这与持有型犯罪的根本特征密切相关。持有型犯罪最大的特点在于不必查证特定物品的来龙去脉即可定罪处罚,免去了对行为的证明责任,大大降低了办案难度,这非常有利于维护统治秩序。可以说,持有型犯罪正是在严密法网与维护统治秩序的需求的双重刺激下不断发展。从一定意义上说,持有型犯罪是维护统治秩序的一柄"利器",非常便利、好用。越是为了维护统治,严密法网,则越倾向于使用持有型犯罪。

二、持有型犯罪刑法规制的域外考察

持有型犯罪不仅在古代中国广泛存在,在世界各国历史中也曾大量出现过。11—12世纪的俄罗斯刑法中,就存在具有现代性特征的持有型犯罪。现代意义上的持有型犯罪兴起于20世纪60年代以后。这一时期,许多国家的刑事立法中都出现了对某些物品的单纯持有行为进行刑事责任追究的规定,持有型犯罪作为一种独立的犯罪类型登上现代法治舞台。在当前英美法系和大陆法系国家的刑法中,几乎都存在非法持有毒品、武器等持有型犯罪的规定。

(一)英美法系国家的持有型犯罪

在美国,几乎所有的州刑法典都有持有非法药物、持有隐藏武器、持有犯罪工具、持有赃物等持有型犯罪的规定。①根据1998年的数据,当年有逾10万人因持有相关物品的行为被逮捕,而因持有相关物品的行为被判刑的人数在

① 梁根林:《责任主义刑法视野中的持有型犯罪》,载《法学评论》2003年第4期。

全部犯罪人数中占比更是高达惊人的20%。[①]在美国,经过法律授权可以合法持有枪支,但未经许可持有或严禁持有者持有枪支将构成持有型犯罪。

《美国模范刑法典》第2.01条"责任的一般原则"在对自愿行为的要求中将"持有"作为一种行为:"如果持有者在获得或接受持有物时明知或者在有终止其持有的充足时间内认识到其对持有物的支配,那么持有就属于本条所称的行为"。[②]从上述规定可以看出,持有要成为刑法上的行为须满足两个条件:一是持有者在形成对特定物品的支配与控制状态时存在主观明知,二是存在能够终止持有的时间条件。[③]英美法系国家一般将持有型犯罪的主观故意分为两种:一是蓄意与明知(蓄意就相当于我国刑法中的直接故意,明知则相当于我国刑法中的间接故意);二是严格责任,即推定犯意存在而无需证明,但允许辩方提出抗辩反驳。英美法系刑法中的持有型犯罪往往都以非法持有的方式来表述犯罪客观方面。持有通常被认为是在主体与客体之间形成支配关系的行为或对这种持续的状态的维系,既包括事实层面也包括法律层面。但是在法律上的支配与控制构成持有的认定上,英美法系刑法主要根据推定来认定,并在司法实践中确定了具体的推定规则:第一,持有人客观上通过某种形式对某物实施法律上的支配与控制;第二,行为人主观上对该种支配与控制存在主观认知;第三,推定应当结合全部案件事实进行,不能以偏概全,应当排除合理怀疑。

英国刑法将"事态"(事实状态)与行为一样作为可以施加刑法调整的对象。持有在英国普通法中并非犯罪行为的充足要素,但成文法却允许在有明文规定的情形中,可以凭据持有的存在而认定构成犯罪。因此,持有枪支、毒品、伪造的钞票等都是构成犯罪的犯罪行为。[④]

英国刑法中关于持有型犯罪的规定也随着社会现实的变化发展,而经历了一个不断发展完善的过程。1953年英国出台《犯罪预防法》,将"在住

---

① 参见劳东燕:《危险与犯意之间:从权利保障到风险控制》,载北京大学法学院刑事法学科群编:《刑法体系与刑事政策——储槐植教授八十华诞贺岁集》,北京大学出版社2013年版,第204页。

②③ See Model Penal Code and Commentaries(Official Draft and Revised Comments), The American Law Institute, Philadelphia, PA, 1985, pp.212—213.

④ 参见[英]J.C.史密斯、[英]B.霍根著:《英国刑法》,李贵方等译,法律出版社2000年版,第53页。

所外持有供夜盗等犯罪使用或与这些犯罪有关的物品”规定为犯罪，拥有淫秽出版物的行为被1959年的《淫秽出版物法》予以犯罪化，1968年《火器法》与1971年《滥用毒品法》又将以火器弹药、毒品等物品为对象的持有行为规定为犯罪，1971年的《犯罪危害法》更是立足持有型犯罪的实质预备犯的属性，将意图损害他人的人身财产安全而实施的持有行为规定为犯罪。[①]由此，持有型犯罪的对象范围与力度进一步扩展，对于实现法益保护的预防目的具有积极作用。

（二）大陆法系国家的持有型犯罪

大陆法系国家中也普遍存在持有型犯罪的立法规定，以《德国刑法典》和《意大利刑法典》最为典型。《德国刑法典》基于持有型犯罪的实质预备犯立场，规定构成持有型犯罪除了存在客观上的对物持有，主观上还应当具有使用该物实施其他犯罪的目的。存在煽动暴力描述的书籍、伪造的证卡、以对儿童性滥用或人与动物性行为为内容的制品、核材料等物品都属于因意图实施其他犯罪而被禁止持有的对象范围。[②]但也存在例外。《德国刑法典》中也存在少数不要求以具有实施其他犯罪的目的的持有构成持有型犯罪的立法规定，比如，“未经许可保存放射性物质”。

与《德国刑法典》坚持持有型犯罪实质预备犯的立场不同，意大利刑法采独立评价说，不以存在其他目的作为构成持有型犯罪的前提条件。比如，非法持有间谍工具、爆炸物、非法的计量器具、虚假的出国文件等行为，无需具备以实施其他犯罪为目的即可构成持有型犯罪。少数存在以实施其他犯罪为目的限定的持有型犯罪，其成立场合也存在明确范围。比如，以危害公共安全为目的而持有爆炸物、麻醉品、燃烧物等物品的行为，才构成持有型犯罪；以销售为目的持有有毒有害食品、药品的，才能以持有型犯罪定罪处罚。[③]《法国刑法典》第222-37条、第321-1条分别将“非法持有毒

---

① 梁根林：《责任主义刑法视野中的持有型犯罪》，载《法学评论》2003年第4期。

② 详见《德国刑法典》第86条、第86条a、第130条、第131条、第152条a、第184条、第310条、第328条。参见《德国刑法典》，徐久生、庄敬华译，中国方正出版社2004年版。

③ 详见《意大利刑法典》第260条、第337条-2、第435条、第442条、第443条、第444条、第472条、第497条-3、第679条、第697条、第699条。参见《最新意大利刑法典》，黄风译注，法律出版社2007年版。

品”“持有明知来自重罪或轻罪的物品”规定为犯罪。[①]《日本刑法典》第140条规定了“持有鸦片或吸食鸦片之器具罪”。[②]

不同的社会背景与法律传统之下，对于同一罪名的规定也呈多样化样态。英美法系国家“遵从先例”“法官造法”的判例法传统，使得其在刑事法律方面具有更大的自主性与灵活性，对法律理论与体系的建构并不如大陆法系国家那样重视。而大陆法系国家成文法的传统，对于法律体系、理论体系、概念定义的统一化具有严格的限定，以确保制定法得到全面一致的适用。所以，两大法系刑法对于持有型犯罪的规定就存在诸多差别，其中最为显著的区别在于持有型犯罪的主观故意方面。英美法系刑法将持有型犯罪主观故意划分为“蓄意”“明知”与允许抗辩的严格责任，这是英美法系刑法中犯罪本体要件和排除抗辩事由的双层次犯罪论体系所决定的，犯罪本体要件包括犯罪行为与犯罪心态，责任充足要件也即排除合法正当性。[③]而大陆法系刑法对“客观归罪”持排斥否定立场。“罪过”始终是构成犯罪必不可少的要件，也是追究行为人刑事责任的主观根据，所谓“无罪过即无刑罚”。罪刑法定原则之下，不能径行对罪过不明的行为人作存在犯罪主观故意的推定，允许其进行反驳也不行。所以，大陆法系刑法通常认为持有型犯罪只能是故意才能构成。如此，大陆法系刑法不认可严格责任原则在持有型犯罪中的存在。

① 参见《法国新刑法典》，罗结珍译，中国法制出版社2003年版，第68、119页。
② 梁根林：《责任主义刑法视野中的持有型犯罪》，载《法学评论》2003年第4期。
③ 参见于改之、郭献朝：《两大法系犯罪论体系的比较与借鉴》，载《法学论坛》2006年第1期。

第二章 持有犯罪化的理论证成及其正当性依据

第一节 刑法中的危害行为理论

一、危害行为的概念

时至今日，无行为即无犯罪的观念早已深入人心。“我只是由于表现自己，只是由于踏入现实的领域，我才进入受立法者支配的范围。对于法律来说，除了我的行为以外，我是根本不存在的，我根本不是法律的对象。我的行为就是我同法律打交道的唯一领域，因为行为就是我为之要求生存权利、要求现实权利的唯一东西，而且因此我才受到现行法的支配。”[①]日本刑法学教授大塚仁也认为，处于犯罪概念基底的，首先是行为。[②]行为在刑法中的核心地位可见一斑。一般来说，人的行为是指人的动作、举止等经由身体做出的身体动静。而社会学中的行为，不仅指人的身体动静，其更加重视和强调具有社会意义的人的行为，聚焦于人在一定的主观意识支配下做出的可以影响外界的行为，单纯自然过程中无意识的人的行为并非法学研究的重点。刑法作为社会规范的子项，进入其规制视野的行为，更加重视对行为人意识支配下的主观见之于客观的身体动静的考察，这归根结底主要是为解决刑事责任问题。[③]通常而言，刑法作为最严厉的法律规

① 《马克思恩格斯全集(第一卷)》，人民出版社 1956 年版，第 16—17 页。
② 陈兴良：《教义刑法学(第三版)》，中国人民大学出版社 2017 年版，第 69 页。
③ 参见高铭暄主编：《中国刑法学》，中国人民大学出版社 1989 年版，第 97 页。

制手段，维护社会秩序的使命与功能定位决定了其关注的行为主要围绕危害社会的身体活动展开，这种身体活动就是危害行为。

刑法中的危害行为具有特定性。其行为主体只能是“人”，包括自然人和单位；其只能依托“人”的身体活动，既可能是积极动作也可能是相对静止；必须是在人的主观意识支配下的身体动静，无意识的身体活动比如植物人的偶然动作，并非刑法关注范围；必须是对社会关系产生不利影响的行为，危害社会属性是行为进入刑法视野的主要客观依据；只有违反刑法规范的行为才能成为危害行为，也即刑事违法性，罪刑法定原则决定了人的行为只有在具备刑事违法性的情况下才具备刑法评价的可能。

二、刑法行为理论的发展进路

危害行为理论被确定为刑法理论的核心理论，标志着近代刑法学发展所取得的重大成就。在危害行为理论出现之前，犯罪概念虚无缥缈的模糊性使得其面纱难以揭开，而行为理论提供了犯罪实体化的凭据，使得犯罪的概念不再游移不定。危害行为理论一经产生，便呈现出强大的生命力，在经历胡萨克提出的“以事态取代行为”①、杜里奥·帕多瓦尼主张的“以典型事实取代行为”②理论的挑战后，依然保持绝对的权威地位。③现代刑法学中的行为理论，是19世纪社会发展与法学进步到一定阶段的产物。在行为理论发展过程中，先后出现了因果行为论、目的行为论、人格行为论、社会行为论，有学者将其称为行为论发展史上的四座里程碑。④行为理论演变的背后是行为理论从存在论到价值论的发展脉络。

（一）因果行为论

该说由德国刑法学家李斯特和贝林创立。该说认为，行为是能够对外

① [美]道格拉斯·N.胡萨克：《刑事责任是否需要客观行为》，姜敏译，载《中国刑事法杂志》2015年第3期。

② 参见[意]杜里奥·帕多瓦尼：《意大利刑法学原理（注评版）》，陈忠林译评，中国人民大学出版社2004年版，第100—101页。

③ 郝守才、张亚平：《论持有型犯罪的主客观特征》，载《河南大学学报》2000年第6期。

④ 陈兴良：《教义刑法学》，中国人民大学出版社2017年版，第79页。

部世界产生实际影响的人的举止。[1]该说强调行为在客观上的身体举止性与主观上的有意性，并且把外部世界的变动纳入行为概念，把有意性与外部世界的变动性之间的关系描述为一个因果历程，因而称为因果行为论。李斯特将不作为解释为身体的静止，贝林也将不作为定义为肌肉静止，以便与肌肉运动相对应。[2]但是，该说认为不作为不具有客观存在意义上的身体举止，说明该说认为不作为是一种能引发外部风险的精神活动，而纯粹的精神活动并非刑法的对象，况且失去外在表现形式的精神活动也无法被捕捉与感知。因果行为论在不作为问题上的观点存在缺陷，不能成立。

（二）目的行为论

该说的创立者德国刑法学家威尔泽尔认为，行为是目的的实现，受人的主观意志支配。威尔泽尔的观点是对因果行为论将行为单纯看作身体动静的观点的批判。[3]该说从人对行为的支配角度进行解释，体现行为的可控性。然而，在过失行为的行为性上，该说则出现不可自洽之处。通常，过失犯罪中行为人对犯罪结果的发生是排斥的，故而也就不存在某种目的性。按照该说的主张，过失行为就不属于刑法上的行为。

（三）人格行为论

该说认为，人格外化的客观表现就是行为，行为要受到人格的支配。[4]该说主张人的行为是生物学与心理性的统一，既包括生物基础——人的身体动静，也包括社会基础——影响和制约人的行为的社会环境。社会基础对人产生作用，形成人格要素对人的行为进行支配。人格行为论不仅关注人的客观行为，还认识到社会环境产生的支配行为的人格因素。这实际上是将刑法中的行为限定为人的行为，无疑是对客观主义行为概念的改进。但将行为人的主观因素注入行为概念中，在精神病人的保安处分问题上无法自圆其说。

---

① 参见[德]李斯特：《德国刑法教科书》，徐久生译，法律出版社 2006 年版，第 176—177 页。

② [德]恩施特·贝林：《构成要件理论》，王安异译，中国人民公安大学出版社 2006 年版，第 65 页。

③ 参见邵栋豪：《威尔泽尔之人的不法理论及影响》，载《中国人民公安大学学报（社会科学版）》2013 年第 3 期。

④ 参见陈兴良：《教义刑法学》，中国人民大学出版社 2017 年版，第 86 页。

（四）社会行为论

该说也称规范行为论，由德国刑法学家戈登·修米特创立。该说主张从社会意义上对行为进行研究，强调行为的社会价值。[①]其认为，人的举动具有多样性，并非所有的举动都能成为法律上的行为。法律上的行为主要是指人的具有社会意义的行为，所以，判断是否属于刑法中的行为要考察两个方面：一来必须是人的行为，二来必须是有害于社会的行为。同时，行为包括有体性、有意性、社会性三个要素。

以上四种影响力较大的学术流派背后，是“存在论与价值论”的基本立场之争问题。存在论意义上的行为理论坚持以行为的外在特征（因果关系性）或内在特征（主观支配性）判断行为，为刑法中的行为概念提供基础性的思考视角。但是，其未认识到刑法上的行为的社会意义，焦点聚集于行为本体，不免出现以偏概全。价值论上的行为理论在行为存在论基础上引入规范评价因素，将二者结合，更具解释力与说服力，基本上成为行为理论的主导学说。从因果行为论到目的行为论，再到社会行为论的发展过程，可以发现这样一种趋势：对于人的行为的客观表述的关注越来越少，对其社会意义的考察越来越重视，有体性与社会性构成了当今行为理论最基本的行为概念基础。

历经上述漫长的发展过程，行为在刑法中的基础性存在成为普遍性共识。相应地，危害行为理论也逐渐走上刑法的舞台，逐渐发展出包含实行行为与非实行行为、作为与不作为、间接正犯以及原因上的自由行为在内的多种行为方式。其中，作为与不作为是刑法行为理论中最主要的两种类型。虽然二者在表达上呈现出 A 与非 A 的语义构造，但实质上并非如此。二者的区别在于，一个违反了刑法禁止性规范，禁止实施却依然实施；另一个则是对命令性规范的违背，法律要求实施，有能力实施却拒绝实施。间接正犯则以犯罪主体与实行行为的分离为突出特征，主要包括三种情形：一是利用无刑事责任能力的人，二是利用下意识的行为或其他不受自主意识支配的行为，三是利用他人的过失行为。这几种是危害行为的主要类

① 陈兴良：《期待可能性问题研究》，载《法律科学》2006 年第 3 期。

型。在英美法系理论中，还存在“持有”的行为方式。虽然部分大陆法系国家也有处罚持有的立法规定，但通常刑法理论体系中仅存在作为与不作为两种基本行为类型，并未涉及持有的性质问题，从而在非法持有行为犯罪化问题上出现行为理论障碍需要解决。

第二节 持有犯罪化的行为理论障碍及其破解

一、持有的刑法属性判断

“持有这个概念，从刑法典存在开始，即被多次重新加以定义并被更正，但迄今为止却从未能成功地找到一个可以将所指称的类型精确地予以表达的定义。”[①]考察中外学者的研究成果，对于持有的刑法属性，主要存在事态说、作为说、不作为说、择一说以及第三种行为方式说等几种观点。

1. 事态说

该说认为，持有是一种事实状态，可以与行为一样成为刑法规制的对象。美国刑法认为持有不同于作为与不作为，三者是并列关系。持有强调的是一种状态，由获取持有的作为与维系状态持续的不作为共同组成。[②]国外有学者认为，在某些特殊情形中，只要证实行为人与特定物品之间存在控制、支配的状态就足以构成犯罪。[③]我国也有学者持类似观点，认为“持有”的本质是行为人与特定物之间的关系或状态，不具有传统行为的意义。[④]

2. 作为说

该说认为，持有是一种作为。支持作为说的著述颇多，但论述理由各异。第一种理由认为，形成持有状态的行为是作为，刑法责难的重点是取

① 王利宾：《持有型犯罪立法的检讨及完善对策》，载《周口师范学院学报》2019 年第 3 期。

② 储槐植、江溯：《美国刑法》，北京大学出版社 2012 年版，第 50 页。

③ 参见李居全：《浅议英美刑法学中的行为概念——兼论第三行为形态》，载《法学评论》2002 年第 1 期。

④ 参见冯亚东：《试论刑法中的持有型犯罪》，载《中国刑事法杂志》2000 年第 1 期。

得行为，持有作为取得之后形成的支配与控制状态，如盗窃后对赃物的占有一样，属于事后不可罚行为，不成立不作为犯罪。[①]第二种理由认为，持有具体表现为对特定物品的占有与支配的排他性，而这种排他性的占有支配只能表现为能动的身体活动。因为要实现对特定物品的排他性占有与支配，势必要以作为的形式，通过藏匿对象或防范他人的方式来完成。[②]第三种理由认为，持有型犯罪针对违反刑法规定而持有特定物品的行为，由此可以看出，不顾刑法禁止性规定而实施对特定物品持有，具有鲜明的作为特征。所以，持有只能是一种作为。[③]还有观点认为，非法持有毒品罪中，行为人为防止毒品持有行为暴露，势必要采取掩饰、藏匿、转移等手段，由于毒品持有者为了实现和维持对毒品的持有，而实施积极的主动的身体动作，所以把"持有"归属于作为顺理成章。[④]

3. 不作为说

该说认为，刑法将持有规定为犯罪，意味着这种持有状态的存在为刑法所禁止。对这种禁止规范进行反向理解，则意味着出现这种持有状态时，持有就负有履行刑法要求采取措施消除这种状态的义务。如果拒不履行这种义务而继续维持持有状态，则构成不作为的犯罪。[⑤]比如，刑法禁止非法持有枪支，那么枪支持有人就负有将枪支上缴的义务，应当上缴而隐匿不缴的，就是不作为犯罪。[⑥]

4. 择一说

此说主张应当根据实现物品持有的行为手段来区分行为方式。形成持有状态的先行行为构成犯罪时，对特定物品的持有属于先行犯罪的延续，属于违反刑法的主动占有，构成作为犯罪；实现持有状态的先行行为不具有非法性时，刑法命令性规范要求行为人取得管制物品时有上缴的义

① 参见熊选国：《刑法中行为论》，人民法院出版社1992年版，第125页。

② 参见李居全：《浅议英美刑法学中的行为概念——兼论第三行为形态》，载《法学评论》2002年第1期。

③ 参见龙洋：《非法持有型犯罪问题的研究》，载《中外法学》1999年第3期。

④ 马荣春：《也论"持有犯罪"的行为方式——兼与储槐植教授、杜宇博士商榷》，载《法学论坛》2008年第5期。

⑤ 张智辉：《刑事责任通论》，警官教育出版社1995年版，第124页。

⑥ 陈兴良：《刑法哲学》，中国政法大学出版社1992年版，第68页。

务，不上缴而继续持有就属于不作为犯罪。[①]后来，有学者对择一说的观点进行修正。他们认为，持有可以分为两种情形：一是实施形成持有状态的行为时不知是刑法禁止持有物，事后才知悉；二是明知是刑法禁止持有物仍获取并维持持有。就第一种情形而言，持有型犯罪的规范构造意味着刑法命令行为人在知晓其持有行为违反刑法规定时，应当通过上缴或者销毁特定物等方式及时消灭这种关系和状态。未履行该义务，则属于能执行却拒不执行刑法命令性规范，是不作为。第二种情形则可视为两个行为的结合，形成对特定物的控制、支配状态并维持这种状态。明知获取特定物品并持有为刑法所禁止，却仍以积极的行为违反刑法禁止性规范，是作为。对状态的维持则违反刑法命令性规范，负有执行的义务，能执行却拒不执行，是不作为。比如，警察抓获正在交接毒品的两个人，但无法查清二人之间到底是毒品买卖，还是运输或者其他犯罪。接受毒品的人刚刚拿到毒品，来不及实施维持毒品持有状态的行为即被抓获，因此，只能认定其违反禁止持有毒品的刑法规范，行为方式是作为。[②]

5. 第三种行为方式说

该说为英美法系国家刑事立法的观点，认为持有是与作为、不作为并列的第三种行为方式。[③]该观点主要有三个理由。首先，持有不能被作为、不作为的行为分类涵盖。持有的状态性特征决定了其不能是作为，即便该状态由作为而形成；就不作为而言，存在法律上的义务是其前提条件，但持有的状态性却与法律义务并无关系。[④]其次，从犯罪性特征来看，刑法中作为的犯罪性往往表现为人的举动，如故意伤害、盗窃财物等；持有作为一个状态性词汇，其描述的情形本身不能进行犯罪与否的判断。持有的犯罪性在于非法将刑法禁止持有的特定物品置于自身的控制、支配之下，所以，特定物品的性质尤为关键。最后，以第三种行为形态定性持有符合逻辑规则。事实上，刑法中的危害行为并非作为与不作为的二元论集合，在二者

① 刘璇：《持有型犯罪的若干问题》，载《政法学刊》1996 年第 4 期。
② 石英：《持有型犯罪争点探微》，载《政法论坛》2001 年第 1 期。
③ 储槐植、江溯：《美国刑法》，北京大学出版社 2012 年版，第 55 页。
④ 参见储槐植：《论刑法学若干重大问题》，载《北京大学学报(哲学社会科学版)》1993 年第 3 期。

之外存在其他犯罪行为形态是可能的。[①]陈兴良教授曾认为以独立的行为方式认定持有并不恰当,[②]但后来改为支持持有是第三种行为方式的观点。[③]

纵观上述五种观点,实质上形成了行为说与状态说两大阵营的对立。而在传统危害行为理论的影响下,状态说理论因其对“无行为即无犯罪”行为理论框架的突破而颇具颠覆性。相较而言,行为说理论则更易为学者所接受。行为说认为刑法调整的是行为而非状态,契合了以行为作为基本规范对象的传统刑法体系架构。

然而,刑法调整的对象是主观意识支配下的行为,从主客观相统一的角度来看,持有的行为说观点存在缺陷,主要表现在犯罪客观方面概括不全。持有概念的争论,主要源于持有本身行为性与状态性的共存。行为说就属于把握了行为性特征而忽略了其状态性特征,局限性不言自明。

与行为说不同,状态说认为持有的本质是一种状态,持有系物品与某人之间建立归属或产生控制、支配的关联的客观描述,具有稳定性、持续性特征,不一定存在身体动静。因此,状态说主张持有型犯罪以持有的状态作为入罪客观依据。状态说认为行为说关于持有行为化的观点忽视了持有的状态属性,不能体现持有的静态持续性。不过,状态说仍然存在明显的局限。状态说主张的概念界定忽视对主观方面的考察,不符合刑法主客观相统一的基本立场。另外,正如行为说重视行为属性而忽视状态性,状态说将目光聚焦于持有的状态性,则不可避免地忽视对持有行为性的把握。因此,与行为说一样,状态说也无法提供持有的刑法属性判断的理论工具。

二、持有犯罪化的行为理论障碍

持有性质的众说纷纭,使得在持有行为犯罪化问题上,不可避免地面临当前刑法中的危害行为理论的障碍。如何解决这种理论上的冲突,避免

① 储槐植:《三论第三犯罪行为形式“持有”》,载《中外法学》1994 年第 5 期。
② 陈兴良:《刑法适用总论》,中国人民大学出版社 2017 年版,第 292 页。
③ 陈兴良:《本体刑法学》,中国人民大学出版社 2017 年版,第 283 页。

对刑法基础理论的动摇，成为持有行为犯罪化的第一道屏障，亟待破解。无论是行为说抑或状态说，都无法提供解决持有行为犯罪化面临的行为理论障碍的合理路径。

(一) 持有行为说与状态说均无法完全概括持有的特殊性

当前在持有性质问题上存在行为说与状态说的观点对立。状态说主要是采用英美法系理论中的事态一说，将持有定性为一种状态，这对刑法危害行为理论可谓是颠覆性冲击。相对而言，行为说更易被接受而逐渐成为主流。行为说是一个笼统的概念，可以细分为作为说、不作为说、第三种行为方式说等不同观点。作为说认为持有是违反刑法禁止持有特定物规定的行为；不作为说则更多的是从义务规范上出发，将持有界定为行为人具有销毁或上缴刑法规定特定物的义务，也具有相应的能力，但却未履行该义务而持有的行为。第三种行为方式说则认为，作为与不作为不能完全涵盖行为的全部，还应当存在第三种行为方式，也就是持有。如此界定，较为妥善地解决了作为说与不作为说在表达持有性质问题上的局限性。然而，第三种行为方式说依然存在逻辑上的难以自洽。当某种新事物不能被已有分类包容，就新创设一种分类，在一般情况下行得通，但在一种特定情况下却不能成立：这种新事物与已有分类的事物并非同一范畴。持有的状态性是其区别于作为与不作为的根本所在，因其无法被作为与不作为的行为分类所包容就将其视为一种新的行为方式，实际上预设了一个根本性的前提——持有是行为。如果持有根本不是一种行为，这样的逻辑自然无法成立。

行为说以其对刑法的行为规范性的契合，较之状态说而言，更好地坚守了以行为为调整对象的刑法体系架构。然而，刑法的评价对象是主观意志支配之下的客观行为，以行为说为基础进行持有性质的论证，无法完全包容持有型犯罪的客观方面。行为性与状态性相统一的特征决定了对持有概念的研究绝不能顾此失彼，任何忽略持有行为性与状态性特点的概念结论不可避免地带有片面性。"行为说"准确把握持有的行为性特点，但未能完全反映持有型犯罪的特殊性质，对于持有状态性的忽视，注定了其缺陷存在的必然性。

持有的状态说亦不能完全概括持有的特殊性。该说认为应将持有视为状态进行刑法规制。按照状态说观点得出的持有型犯罪概念,依然存在明显缺陷。首先,缺少主观要素的限定。状态说认为持有状态及其犯罪化不以主观心态的存在为必要,相应地,持有型犯罪概念的描述也忽视了主观要素的内容,不符合刑法主客观相统一的基本立场。其次,持有的特殊性没有得到充分反映。正如行为说所作持有型犯罪概念被批评忽略持有的状态性特征,"状态说"下的犯罪概念则是对持有行为性特征的忽略。

另外,状态说还存在一个致命缺陷:若允许状态成为刑法调整的对象,将严重动摇我国刑法根基。我国以行为理论为基础构建刑法理论体系,我国刑法也是以行为为对象进行编纂。状态的加入,将对刑法及其体系造成严重冲击,带来无法估量的后果。何况,状态的内容、范围和外延过于宽泛,司法实践中要对其进行准确界定也存在相当的难度。

（二）作为与不作为的行为体系无法囊括持有

持有的作为说不能成立。从一般意义上的行为与刑法中的行为的对比也能发现,持有的作为说存在不周延性。一般意义上的持有与刑法中的持有分属不同的论域。一般意义上的持有具有动词属性,指物理的(有体性)行为,具有社会存在论意义。而刑法中的持有,以刑法规范所调整的行为为内容,具有法规范意义。行为说的论证不当混淆一般意义上的持有与刑法中的持有。所以,我们所讨论的刑法持有的概念,必须在刑法的论域中进行论证。不同于一般意义上的持有"身体动静"的具体表现,刑法中的持有系一定行为所形成的对事物管控的状态,有别于传统意义上的刑法的行为。以作为限定持有,存在逻辑上的自相矛盾。

持有的不作为说依然存在局限。该观点将不作为建立在持有人负有上缴或销毁持有物的义务基础上,实质是偷换概念,将刑法不能为某种行为的消极义务,偷换成必须为某种行为的积极义务,明显在逻辑上存在致命缺陷。这种观点,毫无疑问将不能持有的禁止性规范错误地理解为上缴或销毁的命令性规范,势必会不当扩张刑法规制范围。再者,客观上部分法律法规确实规定,某些特殊情形中持有人应将不能持有的物品上缴。但这种规定多见于行政法律法规,何况行政法意义上的义务不同于刑法中的不作为犯罪的义务来源的义务，不能直接移植，否则将极易造成刑罚处罚范围的过度扩张，此观点已为学者所批判。[①]因此，持有人并不具有成立不作为犯罪的义务前提。

（三）形成持有的行为并不一定为持有型犯罪立法所禁止

可能会有观点认为，对某种事物形成持有关系，必须要以一定的行为为前提，如此，能否以先行行为作为持有的性质判定依据，而其后的持有状态则作为先行行为的结果与延续？笔者认为，此种观点并不成立。

前文已述，持有是行为主体与持有对象之间形成的控制、支配的关系或状态。从民法上来看，与某物形成类似的关系（比如取得、占有、私藏等）主要有两种途径：原始取得与继受取得。原始取得即第一手取得，不以别人的权利让渡为前提，比如生产、制造毒品后持有毒品，此时对毒品的占有与控制状态的形成即是基于事实关系第一手取得，再如先占、生产、利息等；而继受取得则是指经由其他人权利让渡或基于法定事由而形成的对物的控制与支配关系，比如购买、赠与、委托、继承等。持有型犯罪立法则是针对行为人对特定物的稳定的、持续的支配控制状态，“行为＋状态”是持有的典型特征，单以形成持有状态的先行行为为评价对象，无法实现对持有行为犯罪化所面临的危害行为理论障碍的排除。比如，拾得毒品并持有的情形中，对毒品的拾得行为并不能予以刑法评价，构成犯罪的是行为人拾得毒品之后又对毒品实施持续稳定的支配、控制。而且，后续的持有行为也并非拾得这一行为的延续和后果，因为拾得行为并不意味着一定要持有，这与盗窃之后持有赃物性质完全不同，盗窃本身即是以非法占有为目的，盗窃之后藏匿赃物是盗窃行为的事后必然行为。所以，持有与危害行为理论矛盾，以形成持有的先行行为作为解决路径走不通。

（四）持有本身社会危害性缺失

通说认为，犯罪的本质属性在于法益侵害，也即法律禁止对其保护的社会关系引起刑法所禁止的危险状态。由此可见，犯罪是行为与结果之间的引起与被引起的关系发生作用的过程，而且只有行为才能导致刑法所禁

① 参见陈兴良：《不作为犯论的生成》，载《中外法学》2012年第4期。

止的危险状态的产生。就社会危害性而言，无论是作为犯罪还是不作为犯罪，二者的共同之处在于引起法律所保护的社会关系从安全状态向危险状态转变。持有则不同，其作为一种状态，相对行为而言是静止的。虽然持有状态的产生是由先行行为引起，但其本身并不是积极的身体动作，而先行行为并非对持有进行刑法评价的根据。静止的持有状态自然无法引起法益形态的转变，也就无从认定法益危害性的存在。

一般而言，持有在一般生活经验中具体表现为动词属性，持有本身对社会关系并无侵害，也即持有本身无所谓社会危害性的问题。只有当持有与刑法禁止的特定物产生关联时，才会进入刑法评价的范畴。这说明，刑法中持有型犯罪的社会危害性的主要来源和危险程度取决于持有对象及其性质。所以，在考虑以行为性定性持有并进行犯罪化处理时，就会出现社会危害性缺失的不可自洽问题。

有学者提出，持有本身存在侵害法益的危险性，比如非法持有枪支的行为就会威胁公共安全与社会稳定。[①]然而，持有型犯罪的抽象危险犯特征，决定了持有行为产生的危害后果只能是抽象危险，而不是具体的、现实的危险。在抽象危险犯的社会危害性判断层面，其社会危害性须借助其他媒介才能显现，单纯的规范违反行为无法体现社会危害性。具体到持有型犯罪，持有状态不具有侵害刑法保护的社会关系的现实性。

其实，无论是行为引起刑法保护的社会关系由安全向危险状态转变，还是对抽象危险犯理论下的论证，都无法证实持有行为存在法益侵害性。如此，持有型犯罪中法益侵害性的阙如，使得持有本身不是犯罪的结论得以证成。进一步讲，持有的状态属性与传统刑法的行为理论不相兼容的根源在于，无行为即无犯罪的本质是从行为中寻求犯罪的属性即社会危害性。行为说观点试图从持有本身去探求持有型犯罪的社会危害性，而客观上的持有状态本身并不具备社会危害性。所以，持有不算是典型的刑法行为，在持有状态中寻求持有的犯罪属性必将一无所获。如此一来，持有型犯罪的社会危害性探寻只能另辟蹊径，犯罪的证成也只能另寻他途。

---

① 李立众：《论“持有”的行为形式》，载《法学评论》2000 年第 4 期。

三、持有犯罪化的理论证成

（一）法律拟制

法律拟制最早出现于罗马法，是一种创造法律的特殊方式。法律拟制在立法中运用广泛，通常以“视为……”或者“以……论”的形式存在。比如，年满16周岁、以自己的劳动收入为主要生活来源的未成年人视为完全民事行为能力人。在刑法中也存在法律拟制的情形。比如，“盗窃信用卡并使用，以盗窃罪论处”就是典型的法律拟制。信用卡作为一种卡片，本身并无价值，有价值的是加载于其中的个人信息。所以，盗窃并使用信用卡产生社会危害性的主行为是使用信用卡的行为，而非盗窃卡片的行为。应当以信用卡诈骗罪认定，但法律却明确规定此情形以盗窃罪处理。[①]法律拟制的本质在于，一旦被确定为法律真实，则其拟制的结果不容反驳、不容推翻、不以事实为转移。

（二）持有之法律拟制行为的证成

持有的状态说与行为说均无法说服彼此，二者在持有行为犯罪化的问题上均存在局限。英美法系的事态替代行为的理论，在大陆法系国家不具有普适性，不能照搬。英美法系国家的判例法传统，使得其对刑法的概念不要求明确的含义界定和文字表达，字面解释不是必需品。而大陆法系国家成文法传统需要明确地对立法条文进行解读适用，而且以行为理论作为刑法理论根基，倘若以事态替代行为，则刑法很可能将面临“地动山摇”。

在持有行为犯罪化的问题上，法律拟制的优势得以体现：不仅可以克服刑法行为理论的僵化弊端，还能保持行为的合理边界而不致过于泛化。将持有拟制为行为，可以解决持有行为犯罪化的刑法行为理论的障碍，突破状态说的局限，不失为一条可取路径。

首先，持有状态性与行为性相统一的特性，决定了其并非典型的刑法行为，这是对持有进行法律拟制的首要前提。客观行为引起外化特征而能被人们所感知。传统行为理论中的作为与不作为的方式，无论哪一种，其

① 参见刘宪权：《盗窃信用卡并使用行为定性的困境与破解》，载《法学评论》2018年第6期。

行为的客观外化为身体动静的特征都十分明显。作为以积极的行为举止构成对刑法禁止性规范的违背,不作为则是消极的不履行刑法的命令性规范的行为,二者客观上均表现为一定的身体动静,所以作为犯和不作为犯均是以人的身体动静作为犯罪化的基点和处罚依据。持有则不同,持有侧重于对某种特定事物控制支配的状态的维持和默认,从一定意义上说,持有可以脱离人的身体动静而独立存在。而形成持有状态的先行行为不一定构成犯罪,或者已经构成其他犯罪而丧失构成持有型犯罪的条件,所以,该先行行为不能视为持有型犯罪的组成部分而予以刑法评价。从这个角度分析,持有的状态性更加突出,身体动静相对弱化。所以,持有并不是典型意义上的行为。

其次,持有与行为具有相似性,为法律拟制提供了基础。主要表现在三个方面:一是持有与行为在主观层面具有一致性,持有人对其持有状态的存在是主观明知的,行为人对其行为也具备适格的认识与意志要素,在主观因素上二者并无区别;二是二者均是对刑法规范的违反,在法律特征上存在共性;三是二者均具有社会危害性。作为上游犯罪后果或下游犯罪预备但未能得到证据证实的持有的社会危害性自不必赘言,单纯地违反刑法禁止持有规定的行为,虽然不一定产生现实的危险,但从规范违反说来看,其行为危害的是国家对特定物品的管理制度。虽然与实害犯不同,但其社会危害性不容否认。所以,持有具有一定的行为性特征。

再次,"状态"语境下的持有无法融入我国刑法的规制体系,这是需要对持有进行法律拟制的根本原因。基于无行为即无犯罪的理念,我国刑法将行为作为刑法规制的对象。比如,我国刑法认为犯罪就是严重危害社会的行为,而且我国刑法中还有近百处"行为"的表述。可以说,行为理论在我国刑法中得到了充分的采纳和遵循。若以事实状态界定持有而予以犯罪化,单从刑法条文来看,就面临巨大的修法成本。更深层次的原因在于,事实状态持有论动摇了无行为即无犯罪的理论基石,带来的法律动荡更是不可预知和承受的。

另外,法律拟制理论为刑法更好地适应社会发展提供了工具,提升了刑法的普适性。物质决定意识。无行为即无犯罪诞生之时,法律拟制行为并无存在的空间和必要，以行为作为刑法对象，必定是适应当时的社会现状。但随着科技进步与社会发展，具备高度危险性的物品不断出现，及至风险社会的到来，使得国民对于危险犯的恐惧与日俱增，单单对于高度危险品的归属关系就存在一定的社会危险性，启用刑法进行规制势在必行。但法律具有滞后性，立法往往落后于社会发展，无法奢求刑事立法穷尽所有犯罪。所以，有必要采取适当的方式对刑法及时进行修正，法律拟制的意义也在于此。

最后，法律拟制不会造成刑罚滥用，没有失控风险。法律拟制有自己的规则，目的的正当性、拟制对象的关联性、在原有法律框架内拟制等，确保了法律拟制的规范性，不会影响行为理论对犯罪的过滤与对人权的保障机能，也不会引发刑法滥用的风险。

第三节　持有犯罪化的正当性依据与立法价值

一、持有犯罪化的正当性依据

徒有合法外观的法律并不具有施加处罚的正当基础，合正义性才是其根本性的依据。持有行为犯罪化的正当性依据，是在形式合法性的基础上对其合正义性的检视与追问。

(一) 风险社会下的公共政策提供了刑事政策依据

风险社会的到来已成共识。随着社会现代化进程的推进，社会生产力得到空前发展，风险也随之而来。这种风险更难预测，破坏性也更大。风险社会加剧了社会成员的不安和紧张。随着社会的高速发展，人们的生活更加便利和丰富多彩，但也存在巨大的潜在危险和不安。面对这样的社会局面，国家治理包括公共政策需要担负起更多的风险管理与安全保障责任。而刑法自国家产生之时即作为风险管控、实现社会安全与稳定的屏障，理所当然被视为国家治理的利器。在风险社会，充分发挥刑法的功能，维持社会秩序，保障社会安全，是其应有之义。

当下社会风险难以预测却又颇具破坏性，防止这种风险的最佳手段就是有效预防。传统刑法理论坚持事后惩罚立场，未出现法益侵害结果就不能启用刑法规制手段，不适应新时代人们对安全的新要求。这种局面下，刑法必须作出适当调整，转向安全优先的价值取向与立场是应有之义，刑法对风险社会下的危险管控也将成为刑法任务的重要内容。当然，安全优先不代表刑法要禁止一切风险。发展与风险往往相伴相生，追求发展，必然允许存在一定的风险，否则社会将会停滞不前。所以，社会对风险的立场应当是严格限制相当程度的风险，容忍一般的风险存在。相应地，刑法的任务就是努力管控和规制那些相当程度的社会风险。风险社会的到来，公共政策的调整，为作为实现法益提前保护手段的持有型犯罪立法提供了刑事政策依据。

（二）法益保护论下的抽象危险犯理论提供了处罚依据

法益保护论将犯罪的本质界定为法益侵害，不具有法益侵害性的行为不能作为犯罪处理。然而，在风险社会中，未雨绸缪、防患于未然的合理预设下，不能任由风险变为侵害法益的现实结果后再进行刑法规制。所以，当法益侵害风险达到一定程度时，就将这种程度的风险评价为“法益侵害的结果”，相应的犯罪被称为危险犯，而造成法益实害结果的则称为结果犯。危险犯的出现，使得刑法中不以实害结果为构成要件的犯罪获得了实质处罚根据。持有型犯罪的法益侵害非实害化的特征决定了对其正当性依据的探究也需借助危险犯理论。危险又存在具体与抽象之分。具体危险犯需要在个案中结合案情进行危险有无的具体判断；抽象危险犯则不同，其在立法中往往只存在行为的规定，对行为造成的危险却未作规定。所以，抽象危险是一种以生活经验法则作为支撑的立法推定的危险。持有型犯罪立法中仅存在具体行为的规定，并未有对具体造成危险的限制和要求，符合抽象危险犯的特征。

根据我国刑事立法来看，对于持有行为的刑法规制，不要求存在具体危险，亦不要求实害结果的发生，只要满足行为要件即可入罪。近年来，以预防为特征的抽象危险犯越来越受到我国刑事立法的重视。抽象危险犯针对的是无实质危害结果的风险，目的在于控制潜在风险。抽象危险犯理论作为持有行为犯罪化的正当性根据，在非法持有宣扬恐怖主义、极端主义物品罪中表现最为明显。宣扬恐怖主义、极端主义物品本身无所谓危险性，但如果允许随意持有，就可能在持有的先行行为或后续行为中创设或引发潜在的严重损害风险，进而对公共秩序和安全造成严重威胁。设置非法持有宣扬恐怖主义、极端主义物品罪的因素之一是，相关物品可能会被别有用心之人滥用，即便这种持有与发生现实危害结果之间距离遥远。基于宣扬恐怖主义、极端主义物品被滥用的可能性的担忧，立法机关受限于客观现实，只能通过设置持有型罪名，禁止对该类物品的非法持有，来实现对相关法益保护的前置化，提前预防和规制暴恐活动发生的危险。

（三）预防相对较重罪行的有效途径

预防犯罪是刑罚的重要目的之一。特殊预防是对犯罪的人施以刑罚和教育，令其改过自新，防止再次犯罪。在某种意义上，特殊预防也是预防基础上的报应之举。边沁认为，剥夺犯罪人的外部能力是预防犯罪的重要方法。对犯罪工具、媒介与犯罪人之间进行隔绝，可以排除施恶能力。[①]很多时候，明确地指出犯罪预备行为并加以禁止，防止严重犯罪的机会和余地就越大。持有行为犯罪化的依据之一，亦是其作为主要犯罪行为的次要犯罪，对持有的限制将有效减少主要犯罪的发生。比如，出于保护公共安全的目的而设置非法持有枪支、弹药罪；禁止持有宣扬恐怖主义、极端主义物品是出于打击恐怖主义和提升安全的考虑。预防目的内化于这些持有型犯罪本身，尽管要预防的不法损害并不需要在这些犯罪的定义中予以列明。

（四）基于堵截犯罪需要的可反驳的立法推定与立法技术

我国持有型犯罪研究的开拓者储槐植教授曾指出，针对持有物品的来源或去向不明，导致无法以其实际触犯罪名施加刑事惩戒的情形，设置持有型罪名，以持有的现状定罪，来防止犯罪分子逃脱刑事惩罚和预防严重犯罪的发生。[②]由此可以看出，持有型犯罪的设定考虑了堵截其他犯罪的目的，具有兜底条款属性。

① 参见涂欣筠：《损害原则视角下持有型行为的犯罪化限制》，载《烟台大学学报（哲学社会科学版）》2017年第5期。

② 参见储槐植：《刑事一体化》，法律出版社2004年版，第300页。

另外,从我国刑法关于持有型犯罪的立法来看,持有型犯罪具有立法推定的属性,且允许反驳。我国刑法通常将不能说明来源或去向作为成立持有型犯罪的前提条件。当行为人不能说明物品来源或用途时,根据行为人存在主观明知却依然实施持有的事实,推定其所持特定物来源或用途非法。但囿于无法查明来源或用途,无法认定其真实犯罪意图何在,退而求其次,以持有型犯罪认定。如果行为人合理说明所持特定物的来源或用途,或来源与用途得到司法机关调查证实,那么就应当以该特定物品的实际来源或去向所涉及的罪名认定,不再认为成立持有型犯罪。比如贩卖毒品的时候被查获,应当以贩卖毒品罪(未遂)定罪处罚,不宜再定非法持有毒品罪。

所以,持有型犯罪在某种意义上,就是一种基于堵截犯罪需要所采取的可反驳的立法推定,是一种特殊的立法技术。当查明了持有物的来源或去向,就丧失了维持原有推定的基础,不能再以持有型犯罪进行评价。

二、持有型犯罪的立法价值

(一)实体意义上,严密刑事法网

一般来说,持有型犯罪以对刑法禁止持有的特定物品的持有行为为规制对象,那么,持有型犯罪的对象就是刑法禁止持有的特定物品,比如枪支、弹药等。这些物品往往因其本身的特殊性质,对国家和社会公共利益有重大影响,所以,国家通常会制定专门规定进行特殊管理。违反国家这种特殊规定,非法持有相关特定物,就可能构成犯罪。这样,一来保护国家对特殊物品的管理制度,二来通过禁止持有具有危险属性的物品来实现刑法保障特定法益的机能。

另外,持有型犯罪往往与先行行为或后续行为有密切关系。比如,巨额财产来源不明罪,就被认为是国家工作人员职务犯罪的后续结果,而非法持有枪支罪,则可能是故意杀人的预备。设立持有型犯罪对持有特定物品的行为进行刑法规制,首先可以起到预防犯罪的作用。比如,持有伪造的发票罪、非法持有毒品罪等,通过阻断行为人获得实施犯罪的便利条件从而遏制犯罪人实施犯罪的能力,或者预防更严重的犯罪。持有型犯罪立法关注的重点在于提前预防持有行为所可能引发的更为严重的危害社会的行为。毕竟持有具有后续更严重犯罪的预备犯属性，若不对预备阶段的行为加以制止，那么犯罪实行行为的发生将是大概率事件。所以，将犯罪扼杀在萌芽中是持有行为犯罪化的重要考量之一，是预防刑法观的具体化。在这个意义上，持有型犯罪的立法价值在于预防和阻断后续犯罪，防患于未然。

案例 1：曾某非法出租、出借枪支案①

被告人曾某与陈某原系新化县公安局民警。陈某因与被害人邹某、段某在多年前发生过纠纷，一直怀恨在心，伺机报复。其多次有意接近曾某，意欲向曾某借用值班用枪。2017 年 12 月 17 日，陈某与曾某约好次日曾某值班时将公务用枪借给陈某。12 月 18 日，曾某犹豫不决，故未出借枪支。2017 年 12 月 22 日 8 时，曾某来到新化县公安局巡特警大队进行值班交接时，从上一值班民警手中获得值班公务用枪七七式手枪一支。随后，曾某电话联系陈某前来，当面将卸下子弹的手枪借给陈某。陈某用其家中私藏的子弹装入手枪，于 2017 年 12 月 22 日 10 时许，开枪将邹某打死。同日 18 时许，陈某用手枪将段某打死。经鉴定，邹某、段某符合被他人持枪支类火器近距离射击，击中面部，多处脑组织挫碎，致严重颅脑损伤而死亡。

本案中，曾某作为人民警察，依法具有配备枪支的资格，但该身份仅允许其在执行公务期间持有枪支，出借枪支后，其即丧失对枪支的控制，已然构成非法出借枪支罪。虽然其将子弹、弹夹卸下后才出借，但正是其违法出借枪支的行为，导致陈某得以利用家中私藏的子弹装填手枪从而顺利将两被害人枪杀，造成严重的危害后果和恶劣的社会影响。而陈某借枪的目的就是为了报复仇家，持枪杀人，因此，其对枪支的持有自然属于其故意杀人的预备行为，理所应当被故意杀人罪所吸收，不再以非法持有枪支罪定罪处罚。如果曾某严格执行枪支管理规定，未非法出借枪支，或许就不会发生这样的惨案。因此，持有型犯罪在预防更重罪行方面具有重要意义。

① 参见湖南省冷水江市人民法院(2018)湘 1381 刑初 231 号刑事判决书。

持有型犯罪也可以起到阻塞法律漏洞的作用。从立法原意分析,在持有的先行行为或后续行为无法查证或难以查清时,可采取"退而求其次"的推定方式,以持有型犯罪对相关行为予以惩戒。很多时候,某一物品的来源或去向着实难以查清,无法认定成立上游或下游犯罪。但若不对这种行为予以刑法否定性评价,放任不管,则可能会放纵犯罪,对法益造成更大的威胁和损害。所以,立法规定将这种非法持有特定物品的行为规定为犯罪。如此自然可以起到防止放纵犯罪,严密刑事法网,进一步强化刑法保护法益的作用。

(二)程序意义上,实现法律经济

首先,持有行为犯罪化符合立法经济的要求。前文有述,持有型犯罪往往与先行行为或后续行为密切相关。在作为后续犯罪预备行为的持有的情形中,行为人往往能借由持有的路径或便利制造严重的犯罪,从而严重损害国家和社会公共利益。而传统刑法理论以实害犯构建基本犯罪构成体系,无法预先对这种行为进行预防和控制。为了防止后续严重罪行的发生,以危险犯理论重构犯罪构成,可以实现犯罪的低成本预防控制。在上述情形中,持有往往作为后续犯罪的预备或犯罪手段,而非犯罪目的。为了防止预备行为向实行行为转化进而发生侵害法益的现实,就有必要对持有进行约束。较之于对实行行为进行规制,对持有的控制成本更低,效果也更明显。

其次,设立持有型犯罪有助于社会管理。持有型犯罪规制的行为对象一般是法律法规禁止持有的特定物品,原因在于此类物品往往具有危险属性,一旦被用来危害社会将造成严重后果。禁止持有此类物品,就阻断了其在社会上流通的渠道,有利于维护社会的安全与稳定。同时,设立持有型犯罪进行刑事追诉,能够有助于上下游犯罪的预防和惩治。持有的先行行为或后续行为往往是严重危害社会的犯罪行为,对持有进行追诉,要求先排除先行行为或后续行为成立犯罪的可能。如果能够证实持有系先行犯罪行为的结果或后续犯罪行为的预备,那么就要以相应的罪名进行惩罚,不再以持有定罪。在无法实现持有的先行或后续行为构罪的情形下,以持有型犯罪认定。如此,可以实现对行为人的犯罪进行全面评价和追究。

最后，持有行为犯罪化有利于降低证明难度，提高诉讼效率。社会生活千姿万面，犯罪在先、惩罚在后的客观规律，决定了我们不能奢求每个案件都能通过调查取证实现犯罪过程的完美真实还原。无法证明行为人非法制造、运输、贩卖毒品，就无法以该罪名定罪，但无论是何种方式取得毒品，其途径均是违法的。在这个意义上，无论是通过哪种方式取得特定物，其终将进入“持有型犯罪”的口袋，可谓殊途同归。虽然因为对持有的上游或下游犯罪无法查证，很可能会放纵更严重的犯罪，但这是一个无可奈何的价值取舍难题。客观而言，以立法推定为基础形成的持有型犯罪的独特构造，使得其以行为人持有特定物品的客观现实为依据追究刑事责任，而客观现实的证明较之特定物品的来源或用途的证明，明显要容易得多，这样一来，势必会大大减轻控诉机关的证明责任，降低证明标准，从而有助于节省司法成本、提高诉讼效率。

持有型犯罪本质上是一种推定，除了需要具备行为人持有特定物的事实之外，还要求行为人对特定物的来源、用途或去向无法作出合理说明，如此方能认定构成持有型犯罪。法律推定的背后，意味着行为人可以就其持有特定物的行为的合法性、正当性进行反驳，或者从主观上进行无罪过的抗辩。这样的要求并不算苛求，因为行为人就其持有物的情况拥有证据上的信息优势，其对持有是否合法或阻却违法的反驳较之于控诉机关的举证，难度要小得多。所以，法律推定方法在持有型犯罪中的应用，在程序法意义上更具价值性。

第三章
持有型犯罪的构成要件

犯罪构成理论是刑法理论的核心。判断一个行为是否构成犯罪，必须从犯罪构成要件出发。犯罪构成“四要件”理论是我国当前通行的理论，犯罪主体、犯罪主观方面、犯罪客体、犯罪客观方面作为该理论的四个核心要件，构成一个有机统一整体，缺少任何一个要件都不能成立犯罪，任何犯罪都必须具备这四个要件。研究持有型犯罪，首先应当从四要件犯罪构成理论出发。

第一节 持有型犯罪的客体要件

传统刑法理论将犯罪客体置于犯罪构成要件理论的核心地位，我国刑法也是以犯罪客体作为分类标准进行编章设节。[①]当前我国刑法通说认为，犯罪客体是犯罪构成要件之一，但并非所有犯罪均有犯罪对象存在。近年来很多学者对此提出质疑，他们从犯罪对象与犯罪客体的关系角度，逐步承认犯罪对象的普遍存在性，不存在无犯罪对象的犯罪行为，也不存在无犯罪行为的犯罪对象。[②]笔者赞同刑法通说。犯罪对象与犯罪客体具有密切关联，犯罪对象反映犯罪客体，是犯罪客体的表现形式，犯罪客体是隐藏在犯罪对象后面的实质内容。但这并不意味着犯罪对象与犯罪客体一一对应。有些犯罪就不存在犯罪对象，比如偷越国(边)境罪、脱逃罪等。

---

① 除刑法第三章第五节金融诈骗罪以犯罪手段设节外，其余皆以犯罪客体为标准进行分类编章设节。参见刘宪权:《我国金融犯罪刑事立法的逻辑与规律》，载《政治与法律》2017 年第 4 期。

② 徐光华:《犯罪对象问题研究》，载《刑事法评论》2007 年第 1 期。

所以，犯罪客体是犯罪构成的必备要件，犯罪对象是犯罪构成的选择要件。[①]虽然对于犯罪对象的分歧与争议仍在继续，但持有型犯罪中的犯罪对象是客观存在的，其对于犯罪客体的研究和认定，具有十分重要的意义。研究持有型犯罪的客体要件，不能脱离对其犯罪对象的考察。

一、持有型犯罪的客体

犯罪客体是犯罪构成的必备要件之一，在犯罪构成中担当对行为的社会属性与价值进行判断的功能，犯罪构成的其他三个构成要件最后都要落脚到犯罪客体上，由犯罪客体作出最后的价值评判。[②]犯罪客体是刑法所保护的被犯罪所侵犯和破坏的社会关系，也被称为法益。正确认识和把握持有型犯罪的客体，对于正确适用刑法持有型犯罪的规定，准确定罪量刑，保障刑法价值实现具有重要意义。

（一）持有型犯罪的客体分类

犯罪的本质是法益侵害，持有被认为是一种抽象危险犯类型，是立法者权衡引发非法行为的可能性与可能出现的危害的严重性后，认定存在法益侵害的危险而予以类型化的结果。[③]持有型犯罪作为一个类罪名，其在犯罪客体上存在共性与个性之分。一般来说，持有被评价为犯罪的正当性依据之一，就在于持有特定物品的行为损害了国家特定物品的管控制度。由此可以引申出持有型犯罪各罪名之间存在的共性，都属于秩序侵犯型罪名。而在持有型犯罪内部，还存在单一客体与复杂客体的区别。比如，持有假币罪属于单一客体，侵犯的是国家货币信用。非法持有枪支、弹药罪则属于复杂客体，不仅侵犯国家对于枪支、弹药等危险物品的管理制度，还对公共安全产生了刑法所不允许的威胁。

在持有型犯罪中，犯罪客体必须借由犯罪对象来表达，不同的犯罪对象背后代表不同的犯罪客体。分析我国刑法关于持有型犯罪的对象的规

① 刘宪权：《刑法学名师讲演录》，上海人民出版社2016年版，第137页。

② 参见彭文华：《犯罪客体：曲解、质疑与理性解读——兼论正当事由的体系性定位》，载《法律科学》2014年第1期。

③ 劳东燕：《公共政策与风险社会的刑法》，载《中国社会科学》2007年第3期。

定，可以发现，国家通过持有型犯罪刑事立法保护的法益主要包括：一是公共安全，比如设置非法持有枪支、弹药罪，非法持有毒品罪；二是社会经济秩序，比如设置持有伪造的发票罪、持有假币罪、持有他人或伪造的信用卡构成妨害信用卡管理罪等；三是政治安全与社会管理秩序，比如设立非法持有国家绝密、机密文件、资料、物品罪与非法持有宣扬恐怖主义、极端主义物品罪；四是国家的廉政制度，比如设立巨额财产来源不明罪。

（二）持有行为犯罪化的客体要件考量

客体对于持有行为的定性具有重要作用。一般而言，持有对象存在管制物品与非管制物品之分。不同种类物品背后的客体也存在差异，进而导致针对不同对象的持有会产生不同的行为义务。比如，行为人私自制造枪支供自己收藏和假币爱好者收集货币并持有以供自己欣赏，二者的行为在表面上区别不大，实则存在本质的不同。枪支因其自身的属性，决定了其很容易对公共安全、社会秩序造成危害，所以国家对其实行特殊管控，非经国家合法授权者不得持有枪支。行为人私自制造枪支并持有，尽管其是为收藏之目的，但依然直接侵害了国家对于枪支的管控制度和管理秩序。而在仅仅为了收藏或炫耀个人资本而持有假币的场合，就不能以枪支的思路进行认定。假币之所以会危害社会而为刑法所禁止，是因为其在市场上流通会严重扰乱市场经济秩序。那么，在根本不具备流通可能的情形中，行为人持有假币的行为就不具备侵害社会主义市场经济秩序的可能，也就不存在侵害法益的情况，故而不能作刑事不法评价。日本刑法也认为，为表现自己的财力而向他人展示假币的行为，因为假币并未进入流通，所以并不能认定为使用假币的行为。[①]从上述分析可以看出，针对国家特殊管控的对象所实施的持有，直接侵犯国家对特定物的管理制度，而对非国家管控对象的持有行为，只有在该行为使得特定物存在流通和使用的可能性时，才能认定其存在危害社会的可能，进而予以刑法否定性评价。法益的不同，决定了在判断相关持有行为是否犯罪化的问题上所考察的要件要素存在差异。

① 刘宪权：《货币犯罪若干司法疑难问题探析》，载《犯罪研究》2008 年第 2 期。

危险犯理论为持有行为犯罪化提供了法理基础,但并不意味着只要实施了特定持有行为就可以构成相应的犯罪,还需要排除不具有实质性的法益侵害的行为。原因在于,即便是抽象危险犯也与传统理论中的行为犯、举动犯存在不同。比如,一般认为危险驾驶罪危害的法益是公共安全,醉酒后在自家庭院中驾驶机动车,并不会产生危害公共安全的现实可能性。因此,这种行为徒有犯罪外观,却不能被认定为犯罪,根源就在于其不具备危险驾驶罪侵犯法益的实质要件。同理,在持有型犯罪认定的场合中,对于法益要件的实质判断至关重要。不能因刑法存在抽象危险犯的规定,就认为不需进行法益侵害的实质判断,只要存在行为即可构成犯罪。

对于非管制类物品,只要行为人的持有不会产生侵害法益的现实可能性,就不存在对其进行刑法责难的基础,不能被认定为犯罪。为自我欣赏而收藏假币,因假币并没有流通的可能性,故而不会对国家货币信用、市场经济秩序造成侵害,其法益侵害性就无从谈起,自然也就不构成犯罪。相反,对于管制物品,我国刑法所保护的法益是国家对于此类特殊物品的管理制度,行为人违反国家的管理制度而非法持有相关物品,即具备了法益侵害的要件,成立持有型犯罪。

(三)持有型犯罪法益实现的两种路径

一般认为,从刑法禁止性规范角度出发,持有型犯罪具有明显的作为属性,而在刑法命令性规范的场合,则其不作为特征尤为突出。可以说,这种双重属性的存在,决定了持有型犯罪严密刑事法网、堵塞立法漏洞、扩大刑法覆盖面的重要机能。二者在持有型犯罪法益的维护和实现上具有内在一致性,但在客观上存在原理和路径的不同,形成了持有型犯罪法益实现的两种路径。

1. 持有型犯罪的作为属性之法益实现

持有型犯罪的立法价值之一,在于其作为上游犯罪结果或下游犯罪的预备之行为。在上游犯罪或下游犯罪无法得到充分证实时,持有型犯罪的堵漏功能就得以体现,对于堵塞法律漏洞、严密刑事法网具有重大意义。在持有的先行行为构成犯罪的场合,因为先行行为属于作为犯,那么由其产生和形成的不法状态与结果,就具有作为属性。如果形成这种不法状态的先行行为无法得到证明,刑法就只能以这种不法状态为依据设置持有型罪名来进行犯罪化处理。虽然是以持有的不法状态入罪,但在持有型犯罪的对象层面,将惩治的对象理解为“违法取得”更为妥当。这样便可以得出这样的结论,以违法取得作为刑法规制的对象入罪,意味着取得持有物的行为具有可罚性,受限于先行行为的无法证实,转而通过持有型犯罪对不法取得的阶段进行堵截,就起到了弥补立法漏洞的功能。

需要注意的是,因为无行为即无犯罪的原则所限,上述立论的基础只能建立在持有型犯罪的作为属性之上。在无法证实先行行为构成犯罪的情况下,以不法持有状态为对象进行犯罪化,间接对非法获取持有的行为进行打击。这样,对持有状态进行犯罪化处理,就可以对因客观所限无法证实的上游犯罪进行堵漏性惩治,同时还能起到对犯罪圈扩容的功效。比如,我国对枪支实行特殊管理,非经批准,以任何方式取得枪支的行为都是违法的,但基于立法成本和立法技术所限,对枪支取得方式进行完全列举并不可行。非法持有枪支罪作为典型的持有型犯罪,可以将立法无法一一列明的取得枪支的方式,轻松纳入犯罪圈从而实现有效规制。

2. 持有型犯罪的不作为属性之法益实现

与持有型犯罪的作为属性将目光聚焦于持有状态形成的原因力不同,持有型犯罪的不作为属性,则是基于刑法命令性规范,认定行为人负有对特定物予以合理处置的义务,不合理处置的行为则成立不作为型持有型犯罪。这也决定了不作为属性下的持有型犯罪,所关注的是规制持有的后续潜在犯罪。在这个意义上,不管对物品的持有源自何种行为何种方式,都会要求行为人履行采取措施消除持有的义务,如果有能力履行却拒不履行,则可能构成不作为犯而受到刑事处罚。

在探讨不作为型持有型犯罪时,作为的义务来源与作为的内容是绕不开的两个问题。而在研究作为的义务来源时,需要对持有对象进行区分,一类是国家实行特殊管控的物品,另一类是国家未实行特殊管控的物品。对象的不同决定了持有型犯罪法益的不同,进而在作为的内容上存在显著差异。

对国家实行特殊管控的物品,如枪支、弹药等,《中华人民共和国枪支管理办法》建立特殊管理制度,实际上对行为人设定了将相关物品置于国家管控之下的义务。比如,捡拾枪支的行为人就负有上缴枪支的义务,即便因随意丢弃而未实际持有,也违反了相关义务,构成了不作为犯的可罚性基础。在以管制物品为对象的持有情形中,即便并不存在对该对象的事实上的持有,但其未履行上缴管制物品的义务,侵犯了规范意义上的刑法法益,构成规范上的持有型犯罪。

在国家未实施特殊管控的物品方面,则存在明显不同。比如假币、虚假发票、伪造的信用卡等,行为人对上述对象就不负有上缴的义务。因为国家未实施特殊管控,对行为人的作为命令规范中就不存在上缴置于国家管控之下的内容。而上述对象的持有行为对法益的侵害主要是通过投入流通使用,故而在这种场合下,作为命令规范的内容就变成了合理处置而非上缴。在收藏家收藏假币仅供自己欣赏的情形中,就不能认定收藏家构成持有假币罪,因为收藏家收藏并仅供自己欣赏的行为,属于对假币的合理处置,并无投入市场流通的危险,不存在实质的法益侵害可能性,持有型犯罪也就无从谈起。

无论是对取得行为与途径方式的处罚,还是对不将国家管控物置于国家管控之下或不合理处置行为的规制,均是持有型犯罪的法益实现方式。虽然存在种种不同,但本质上均是为了严密刑事法网、弥补立法漏洞,更好地契合刑事政策,发挥刑法的社会保障机能。

二、持有型犯罪的客体与对象

(一)持有型犯罪的对象

犯罪对象是犯罪客体的载体,是犯罪行为直接指向的对象。在以某种对象作为犯罪构成必备要件的情形中,犯罪客体作为受侵害的抽象社会关系,不可能受到犯罪行为的直接作用,只能以犯罪主体主观意志支配下的各种外化的客观现实来表现,而犯罪对象则是该社会关系受损的具体表现和现实载体。单纯的社会关系的表现形式不能成为犯罪对象,只有受到侵害的受刑法保护的社会关系的客观表现形式,才是犯罪对象。[①]犯罪对象

① 薛瑞麟:《关于犯罪对象的几个问题》,载《中国法学》2007年第5期。

是犯罪客体的具体表现形式，是认识犯罪客体的基础，对犯罪对象认识不清，必然会导致对犯罪客体的认识错误。

持有本为日常生活中的常见用语，本身并无所谓危险与否，只有与特定对象结合才会产生危害社会的危险，从而引发刑法否定性评价。因此，持有对象对于持有型犯罪的成立，具有重要意义。而持有型犯罪的立法原理，是通过剥夺人对特定物品进行持有的资格，也即对人的权利进行限制甚至剥夺来实现刑法目的，若不加以规制，势必会严重挤压人的活动空间和权利范畴。对持有型犯罪的对象范围进行限制，则是持有型犯罪立法的应有之义和规制的合理路径。所以，我国持有型犯罪的对象被严格限定在一定范围内。

通过梳理可以发现，我国刑法规定的持有型犯罪的对象主要有：(1)枪支、弹药；(2)宣扬恐怖主义、极端主义物品；(3)假币；(4)伪造的发票；(5)信用卡；(6)国家绝密、机密文件、资料、物品；(7)毒品；(8)毒品原植物种子或幼苗；(9)明显超过正常收入水平的巨额财产；等等。不同的对象分类，对成立持有型犯罪的质和量的要求并不相同。上述九类物品可以进一步分为：危险物品、毒品、伪造品、国家秘密类及极端主义与恐怖主义类物品、非法财产等。危险物品和国家秘密类及极端主义与恐怖主义类物品的危险性来源于其自身，故而对上述物品的持有，并不存在量上的要求，只要具备了物品的质的条件，即可认定，持有的数量可以作为量刑情节予以考虑；而对于毒品、非法财产等而言，持有相关物品数量的多少在很大程度上直接决定了其危害性的大小。因此，立法在设置入罪门槛时就考虑到了量的规定。比如，非法持有宣扬恐怖主义、极端主义物品的行为达到情节严重的程度才能构成犯罪。如果持有物品的数量非常少，根本达不到被使用或导致危险的程度，则不能认定成立持有型犯罪。在英国也存在类似观点，认为如果持有的毒品数量微不足道，或者不足以用于法律禁止的任何途径，非法持有毒品的指控就不能成立。①

① 参见[英]鲁珀特·克罗斯、[英]菲利普·A.琼斯：《英国刑法导论》，赵秉志等译，中国人民大学出版社1991年版，第335页。

不同国家在持有型犯罪对象上存在明显的差别，这种差别与其国情是一致的。比如，《加拿大刑法典》第 87 条规定："任何人为危害公共治安或犯罪而携带或占有武器或武器仿制品，构成可诉罪，处 10 年以下监禁。"1810 年《西班牙刑法典》第 459 条："持有或看管被疑为患传染病的动物或兽类而不立即告知当地的区、乡长……"随着社会的迅猛发展，大量新事物会不断出现，其中可能会引起新的社会危险，从而被纳入持有型犯罪规制的范围之内；部分现在被列入持有型犯罪对象的物品也可能因为危险性的消失而丧失作为持有型犯罪对象的资格；社会观念的变化导致色情物的范围缩小，相关的持有行为甚至可能不作为犯罪处理。

（二）持有型犯罪客体对持有型犯罪对象的限定

实质的法益概念所要达到的目的，是向立法者提供刑罚处罚的合法界限，应根据实质的法益概念检视已有的犯罪构成要件，废止没有保护法益的犯罪。[①]而决定持有行为是否构成犯罪的主要因素就在于持有的对象。在持有型犯罪中，若要实现法益概念对立法的批判，就必须将法益概念贯穿于持有对象的认定，以实质法益概念限定持有对象的认定。下文将以非法持有枪支罪为例展开论述。

涉枪犯罪一直是我国刑法严厉打击的对象。枪支的定义是所有涉枪犯罪司法适用的前提。对于枪支的定义，一般认为源自 1996 年颁布的《枪支管理法》第 46 条的规定，"本法所称枪支，是指以火药或者压缩气体等为动力，利用管状器具发射金属弹丸或者其他物质，足以致人伤亡或者丧失知觉的各种枪支"。根据该规定，主要从两个方面来界定枪支：一是外形特征，包括以火药或压缩气体为动力、管状物、发射物等；二是功能特征，也即致伤力。外形特征无法实现区分刑法枪支与玩具枪，只有致伤力特征才是认定枪支的关键所在，也是认定其实质法益侵害性的主要判断依据。

早期，我国以通过"射击干燥松木板法"对具有致伤力的枪支进行测试所得到的 16 焦耳/平方厘米的临界值作为行政法枪支认定标准。后来这一测定方法被放弃，公安部 2007 年《枪支致伤力的法庭科学鉴定判据》与

① 张明楷：《论实质的法益概念——对法益概念的立法批评机能的肯定》，载《法学家》2021 年第 1 期。

2010年《公安机关涉案枪支弹药性能鉴定工作规定》改用"测定枪口比动能法",并将枪口动能比的临界值下调至1.8焦耳/平方厘米。这意味着枪口比动能大于1.8焦耳/平方厘米的,一律认定为枪支。公安部2008年制定的《仿真枪认定标准》,将枪口比动能大于0.16焦耳/平方厘米小于1.8焦耳/平方厘米的认定为行政法中的仿真枪。枪支的认定标准由原来的16焦耳/平方厘米骤减为1.8焦耳/平方厘米,原因在于新标准是根据以眼睛作为试验部位进行近距离射击可以造成伤残而得出的。眼睛作为体表最脆弱的部位之一,将以其为目标造成伤害作为枪支致伤力的判断标准,体现了公安机关对枪支从严管理的立场,但其合理性一直备受质疑。

枪支认定标准的大幅下调,使得司法实务中涉枪案件大幅增长,涉枪犯罪的处罚范围也明显扩张,导致涉枪领域过度犯罪化趋势明显。在此背景下,对本不该入罪的人予以定罪处罚,将大量的人推到社会对立面,极易导致人为的社会不稳定因素产生,不利于社会治安,还会引发公众对于法秩序公信力的质疑,从而影响法规范一般预防效果的发挥。天津赵某某非法持有枪支一案所引起的汹涌舆论,就是典型。从实体法规范来看,解决这一问题除了修订法律,就要借助法律解释方法,对持有型犯罪的构成要件进行限缩,使处罚范围合理化。而在构成要件的解释中,枪支的概念解释是核心,而实质法益概念应是基本立场。

案例2:天津赵某某非法持有枪支案①

2016年8月至10月,赵某某在天津市河北区李公祠大街附近的海河亲水平台,摆设射击游艺摊位进行营利活动。2016年10月12日22时许,天津市公安局河北分局民警在巡查过程中,当场在赵某某经营的摊位上查获枪形物9支及配件、塑料弹等物品,并依法将赵某某传唤到公安机关。经天津市公安局物证鉴定中心鉴定,现场查获的9支枪形物中的6支,为能正常发射、以压缩气体为动力的枪支。涉案枪支已由公安机关依法没收。

公诉机关以赵某某犯非法持有枪支罪提起公诉。赵某某的辩护

① 参见天津市第一中级人民法院(2017)津01刑终41号刑事判决书。

人提出，涉案枪支并非刑法意义上的枪支，公安部制定的《枪支致伤力的法庭科学鉴定判据》所依据的试验及理由不科学、不合理，该“判据”确定的枪支认定标准不合法，且属内部文件，不能作为裁判的法律依据；目前没有法律、法规、规章对枪支作出定义或解释，只能根据《枪支管理法》的规定，以“足以致人伤亡或者丧失知觉”作为认定标准。法院则认为，《枪支管理法》第46条规定：“本法所称枪支，是指以火药或者压缩气体等为动力，利用管状器具发射金属弹丸或者其他物质，足以致人伤亡或者丧失知觉的各种枪支。”此规定未包含可供执行的、具体的量化标准，需要由有权机关作出进一步规定。《枪支管理法》第4条明确规定“国务院公安部门主管全国的枪支管理工作”，据此，公安部作为枪支管理主管部门有权制定相关规定。本案鉴定所依据的《公安机关涉案枪支弹药性能鉴定工作规定》《枪支致伤力的法庭科学鉴定判据》均合法有效，应当适用。最终认定赵某某构成非法持有枪支罪，依法判处有期徒刑三年，缓刑三年。

当前我国刑法未规定单独的枪支标准。《枪支管理法》中“足以致人伤亡或者丧失知觉”的标准，因不够明确而缺乏操作性。同时，《枪支管理法》又规定国务院公安部门主管全国的枪支管理工作，而枪支的认定标准自然属于枪支管理工作中的重要内容。因此，司法实践中直接引用公安机关的行政法枪支鉴定标准的做法具有了形式上的法律规范的支撑。笔者认为，此举甚为不妥。刑法与行政法所承载的对象与任务等存在诸多不同，不宜将枪支标准混同。行政法更多关注社会治安的需要，而刑法则更注重公共安全的维护，其处罚方式也更为严厉，二者共用同一枪支性能标准势必会拉低刑法门槛，动辄启动刑事手段势必影响民众的社会安定感，难以摆脱刑罚过度化嫌疑。将刑法中的枪支标准提高，与行政法意义上的枪支标准拉开差距，形成合理的区间差，很有必要。国内外相关实验表明，枪口比动能高于10—16焦耳/平方厘米的枪形物所击发的弹丸可以穿透皮肤。笔者认为，应当参照相关立法，将刑法中的枪支认定标准设定得比行政法略高，拉开适当差距，这样既能维持对枪支的严格管理，保障社会安宁，又能避免涉枪犯罪刑罚范围不当扩张，实现打击犯罪与保障人权的平衡。

首先,刑法不宜直接引用行政法枪支的标准。目前,枪支一词在刑法、行政法等法律中广泛使用,但其含义并不相同。在行政法律中,以较低标准界定枪支,会更加便于以行政手段加强枪支管理。但将这种标准简单移植到刑法中,势必会出现“水土不服”,引发体系性的混乱。刑法以保护法益为根本任务,与行政管理关注公民行政不服从具有本质不同。当前,涉枪犯罪中频繁出现的个案不公的质疑等皆为枪支标准“刑行混用”所引发。基于刑法保护法益的目的语境,对于抽象危险犯中的枪支概念,应当以刑法目的解释进行限缩,将刑法上的枪支严格限定为具有显著致伤力的枪形物。这样也符合法秩序统一性的要求。刑法与行政法具有不同的规范保护目的,二者在公共安全的利益上存在重合,但针对的行为存在不法程度高低的区别。其中,枪形物的致伤力大小是判断相关持有行为危害性及不法程度的重要因素,根据致伤力大小对枪支进行分级,可以实现行政法与刑法涉枪案件的合理分野。

与此同时,在规范保护目的方面,行政法律规范与刑法规范也存在区别。行政法对枪支的管理,主要是通过严格地控制枪支的持有与流动,最大程度地排除枪支极易造成的危害社会的危险。而刑法除了对枪支危害公共安全的危险的规制,还带有道德的谴责性。而且,刑法以其严厉性惩罚手段作为后盾发挥作用,可以剥夺自由甚至生命,因此在认定涉枪犯罪问题上必须坚持谦抑性立场,尽量减少风险规制对个人自由空间的过多侵占。另外,对涉枪犯罪施加刑罚还面临正当性的拷问。如果枪支的致伤力在通常情况下甚至不能穿透皮肤,则很难认定对其进行刑法规制的必要性存在。如果坚持这种思路,不免使人质疑:刑法已经成为国家恣意发动刑罚权干预个人权利与自由的借口。

其次,涉枪犯罪保护的公共安全法益要求严格限定刑法中的枪支。非法持有枪支罪的规定中并不存在对造成具体风险在数量、程度、类型等方面的限制,其对法益的侵害结果具有立法推定的属性,应当认定为危害公共安全的抽象危险犯。就公共安全法益来说,公共一般指社会上不特定的人,安全则通常指人身健康与财产权利不受不法侵害。考虑到我国刑法关于危害公共安全犯罪刑罚的严厉性及与故意毁坏财物罪刑罚相协调,此处的安全应侧重于社会不特定多数人的人身安全，危险则意味着侵害人身安全的可能性有转化为现实的风险。基于法益对构成要件解释的指导和限定作用，公共安全法益保护视角下的非法持有枪支罪侵害或威胁的是社会上的不特定多数人的生命与健康。相应地，对枪支的解释必须站在与该罪保护的法益相结合的立场。也就是说，该罪名中的枪支，应当能够产生危及多数人的生命安全与身体健康的危险。所以，本罪应当排除不具有造成实质损害结果危险的枪。即便该枪形物击发的东西可能因击中人体最脆弱的部位而导致出现严重后果，但这种结果的出现具有极大的偶然性和发生概率的极低性，如此，也不能将其认定为刑法中的枪支。理由有二：一是这种行为在日常生活观念中很难被认为会危及公共安全。即便其可能因击中人体脆弱部位而导致重伤或死亡的后果，但石头、树枝等东西击中人的眼睛也可能引起重伤以上的后果，其危害性未达到危害公共安全的程度并无争议；二是街边巷旁的射击摊的枪形物或玩具枪通常不符合公众对于枪支的认知。枪支的危险性除了其巨大的致伤力，还在于其特定形象会引发社会恐慌与不安。在特定地点出现的玩具枪等，即便其枪口比动能超过1.8 焦耳/平方厘米，只要不能击穿人体体表，也不会引发社会恐慌。

最后，刑罚的目的决定了对刑法中的枪支必须进行严格限定。罪刑相适应是我国刑法的基本原则之一，刑法的特殊预防目的的实现以必要的刑罚惩戒为主要手段。反过来，以刑制罪也是刑罚的目的之一，这就意味着刑法设定的法定刑会反过来影响该罪犯罪构成要件的解释。我国刑法中涉枪犯罪的法定刑普遍较高，通常在三年以上十年以下，走私武器罪的法定刑甚至可以高达七年以上有期徒刑，可见对涉枪犯罪惩罚的严厉性。虽然非法持有枪支罪等罪名的法定刑为三年以下有期徒刑、拘役或管制，较之前述罪名，似乎并不严厉，但考虑到此类罪名本质上是对相关犯罪的预备行为所进行的处罚，从处罚预备犯的规则[①]来看，刑罚设置并不轻缓。枪支标准则直接决定涉枪犯罪的处罚范围，因此有必要站在全局高度对刑法枪支概念进行界定，枪支的标准不能太低，否则会显得刑罚过于严厉，有

① 《刑法》第 22 条第 2 款：对于预备犯，可以比照既遂犯从轻、减轻处罚或者免除处罚。

违罪刑相适应原则,易引发个案不公与处罚正当性的质疑。当前对于司法机关适用公安机关关于枪支的鉴定标准所引发的社会舆论批评与讨论正是源于此。罪刑相适应原则不仅是刑法量刑原则,其同时对犯罪构成要件的解释具有适格性检验的作用。如果对某一要件的解释不符合罪刑相适应原则,那么该解释的正当性与有效性无法成立。当前刑法适用行政法上的枪支认定标准,明显存在涉枪一般行为与涉枪犯罪在危害结果与刑罚严厉性上的不协调,其正当性与合理性不能自洽。

第二节　持有型犯罪的客观要件

犯罪客观方面是指刑法规定的具有社会危害性应受刑罚处罚的行为,以及该行为造成的或可能造成的危害结果。犯罪客观方面是犯罪构成必备要件之一,是区分罪与非罪、此罪与彼罪的重要依据,主要包括危害行为、危害结果以及危害行为与危害结果之间的因果关系等,某些犯罪中还包括实施犯罪的时间、场合等要素。

一、持有型犯罪的危害行为

(一)持有型犯罪之持有行为

行为是构筑刑法大厦的基石,是犯罪的基底,也是犯罪构成的指导形象。[①]持有是指行为人对某种事物的控制与被控制、支配与被支配的关系或状态,既然是人与物之间的关系,自然不同于刑法中的行为。刘宪权教授提出的"刑事看行为、民事看关系"规则,为刑事与民事的分野提供了清晰的指引。在持有型犯罪的问题上,单看持有的表面特征,与上述规则似有所背离,实则不然。持有既可以表现为行为人对物的积极的身体动静,也可以表现为静止的身体动静,或者动静结合的身体动静。也就是说,持有在客观上具有形态多样化特征,既可以是动,也可以是静,或动静结合。持有的客观多样化形态特征,正是其与传统刑法理论中的行为相比所呈现

① 朱建华主编:《刑法学研究提要》,法律出版社2013年版,第294页。

出来的独特之处，也是“持有既像作为又似不作为、既不像作为又不像不作为”①的生动写照。法律拟制下的持有的关系论，为持有行为犯罪化提供合理化依据，同时，这种关系型构造使得持有刑法规范可以更好地实现“堵截犯罪、严密法网、提高诉讼效率”的任务。

在认定行为人对特定对象是否构成刑法意义上的持有时，需要注意几点。一是持有具有行为性与状态性统一的特征，意味着对持有对象实现管控的行为与状态同时发生并存续，当该对象处于某人连续稳定的控制、支配之下时，即认为该人持有该物。二是持有包括事实上的持有和法律上的持有两个层面。事实上的持有即客观上行为人直接控制、支配某物，法律上的持有则是指行为人未实际控制该物，但具有支配的法律权利。持有型犯罪规制的持有既包括事实上的持有也包括法律上的持有。比如，依法配备枪支的人员，其因法律上的授权而具有持枪的合法性根据，故而不构成非法持有枪支罪。但是，如果其将依法配置的枪支擅自出租、出借，此时，枪支的实际控制支配权在于借入人，属于对枪支的事实上的持有，若借入人不具备持枪的合法资格，则成立非法持有枪支罪无疑。问题在于，出借人是否构成非法持有枪支罪？出借枪支的人虽丧失了对枪支的事实控制支配，但在法律上仍然对枪支享有管控权，属于法律上的持有。但法律授权其持有枪支的情形仅限于亲自持有、直接持有、事实持有，其擅自出租、出借枪支的行为，使得其丧失原本的合法持枪的资格，故而也成立非法持有枪支罪。

还应当注意的是，持有作为一种常见的日常行为，与人们的生活密切相关，而将部分持有行为纳入刑法规制范围，势必会引发危及个体自由的风险。因此，对持有予以限制性解释就成为必要之举。持有的成立，包括行为人对某物所具有的法律上或事实上的权利，核心要义是行为人对特定物品拥有支配控制权，但并非拥有对特定物品支配控制的情况均能成立刑法上的持有。刑法持有的限制性解释立场主要体现在以下三个方面。

首先，持有特定物品的目的必须属于本罪规制的目的范围之内。基于

① 储槐植：《刑事一体化与关系刑法论》，北京大学出版社 1997 年版，第 411 页。

持有型犯罪预防和打击更严重的关联犯罪的立法设定，判断实现和维持对特定物品的控制与支配关系的行为是否构成刑法中的持有，必须坚持持有人的主观心态是否符合持有型犯罪刑法规制的目的范围的标准。如果持有人通过对特定物品的持有行为所欲达到的目的，并不在持有型犯罪刑事立法的规范目的范畴之内，则不应认定成立刑法中的持有。比如，居住在交通不便的大山深处的父母发现未成年子女的背包中藏有枪支，但因交通不便无法立即上交至相关部门处理。如果在上交之前被查获，那么该行为也不应当被认定为刑法中的持有。该观点得到了德国地方法院 1982 年所作的判例的支持。[①]所以，持有人的主观意图影响刑法中持有的成立。

其次，持有的先行行为或后续行为应当是刑法规定的犯罪行为。刑法中的持有型犯罪往往是危害更大的上游犯罪的结果状态或者下游犯罪的预备行为，限于客观原因危害更大的关联犯罪无法得到证实，只能转而以相对轻缓的持有型犯罪来进行处理。[②]所以，持有行为犯罪化的依据不在于持有行为本身的危险性，而在于其法益保护依附于关联犯罪的法益保护。设立持有型犯罪并非着眼于持有的不可接受性，其更多的是刑事政策考量的结果。持有特定物品的行为往往意味着危害更大的关联犯罪的存在或者即将发生，持有行为犯罪化的原因之一在于，通过对持有行为的规制而削减与其关联的其他犯罪的发生。[③]那么，在认定持有时就必须考虑持有的前、后行为的性质问题。如果持有前、后行为均不构成犯罪，就不能认为存在刑法上的持有。比如，公安机关从某一吸毒者家中搜出毒品，如果吸毒者能够证明其所持毒品均为自用，即便毒品数量达到刑法规定，也不能认定为犯罪。因为持有的先行行为是购买，后续行为是吸食，在我国无论是购买毒品还是吸食毒品均不构成犯罪，所以不能以非法持有毒品罪对吸毒者进行刑事责任追究，持有型犯罪的堵截功能也将成为无的之矢。何况，其持有的毒品仅供自己吸食，自然也不会产生将持有毒品转运、贩卖

① See Markus D. Dubber & Tatjana Hörnle, Criminal Law: A Comparative Approach, Oxford University Press, 2014, pp.202—204.

② 参见梁根林：《持有型犯罪的刑事政策分析》，载《现代法学》2004 年第 1 期。

③ 参见杜磊：《法益侵害视角下持有型犯罪的重释》，载《政治与法律》2017 年第 1 期。

等可能引发公众健康法益受损的抽象危险。只有吸毒者所持毒品明显超过供自己吸食的合理数量，无法排除存在毒品贩卖等犯罪的可能性时，方可动用堵截性的非法持有毒品罪来定罪处罚。

最后，持有型犯罪并非举动犯，行为人对特定物品的支配与控制应当持续一定的时间。行为人明知自己对特定物品具有控制与支配关系，是成立刑法上的持有的必要条件。持有的时间对于持有的认定同样重要，这个时间长度应当满足这样的条件：应当能够允许行为人在持有与放弃持有之间作出选择。持续时间之所以对持有的成立具有重要意义，在于持有状态存续的一定时间内，行为人可以在继续持有与放弃持有之间进行选择。如果行为人选择继续持有，那么意味着其对持有结果存在追求的主观故意，基于责任主义原则，当然应当负刑事责任。而行为人对特定物品的短暂的支配与控制并不必然成立刑法上的持有，如基于举报的目的拿走他人非法持有的违禁品，并不会成立刑法上的"持有"。[①]也就是说，刑法上的持有的内容远远超过"短暂控制"的含义范畴。[②]《美国模范刑法典》就明确规定，在"有足够的时间可以终止持有"的情形中才存在成立刑法上的持有的可能性。因此，持有并非一经实施即告构成，持续的、稳定的状态是其必要内涵。无法认定形成持有的稳定状态，就不能认定为构成刑法中的持有。

需要注意的是，以文义解释为工具，将非法持有毒品的行为与对毒品实施的所有控制、支配行为等同的做法不可取。[③]刑法设置非法持有毒品罪的目的主要在于发挥持有型犯罪的堵截性作用，针对囿于客观证据所限无法证实持有毒品的来源或去向的持有行为来施加刑法规制措施，而非惩罚所有的持毒行为。所以，应当在文义解释的框架内，结合历史解释和目的解释方法，以立法原意和本罪的规范保护目的为指导，来正确理解和把

① See Paul H. Robinson & Michael T. Cahill, Criminal Law, Wolters Kluwer Law & Business, 2012, p.147.

② See Wayne R. LaFAVE, Substantive Criminal Law, Volume 1, Thompson, 2003, p.432.

③ 参见车浩：《非法持有枪支罪的构成要件》，载《华东政法大学学报》2017 年第 6 期。

握持有型犯罪中的持有。[①]

（二）持有型犯罪之持有行为非法性

1. 持有行为非法性的理解

我国刑法关于持有型犯罪的规定中，除巨额财产来源不明罪、持有伪造的发票罪、持有假币罪以及妨害信用卡管理罪中的持有伪造的信用卡等罪名之外，都在持有一词前冠以“非法”定语。这是因为伪造的发票、假币以及伪造的信用卡的产生本身即为违法，通常大量持有上述物品也具有非法性，如此也就不必再刻意以非法对罪名中的持有行为进行限定。

刑法规定中的非法一词之使用，并非随意而为，其背后有深刻的考虑。首先，持有型犯罪的基本逻辑，就是通过剥夺或限制社会成员对某种特定对象持有的资格，来实现对社会关系的调整。通过限制人的权利的方式来实现保护社会的目的，决定了其必须被控制在满足要求的最低限度之内。将合法持有与非法持有进行区分，从持有型犯罪刑法规范中将合法持有剥离，符合刑法的谦抑性。其次，持有型犯罪依据国家相关法律法规，将相应的物品列入持有型犯罪刑法规范，带有明显的行政犯特征。而持有行为的合法与非法，就在于法律规范的不同规定，或是持有的主体身份是否适格，或是有无履行法定程序，或是能否合理说明持有物品的来源或去向。相应的主体或职责可以涤除持有的非法性。最后，持有型犯罪不同于盗窃等自然犯，其法定犯属性注定了其社会危害性是相对的，会随着社会的发展而不断变化。所以，在不同的国家或不同的历史时期，持有型犯罪的对象往往并不相同。通常而言，之所以被列入持有型犯罪对象范围而禁止持有，正是因为此类物品对社会而言具有严重危险，任其在社会上随意流通将会造成极大危害或危险。所以，在判断持有型犯罪时，必须进行持有行为的合法性判断，比如依法配备枪支的警务人员持有枪支，经过审批获准使用炸药的采矿人员持有炸药等爆炸物，均不构成持有型犯罪。

2. 持有行为非法性与行政许可

刑法条文及司法解释有大量的行政行为影响犯罪不成立的规定，背后

① 参见车浩：《非法持有枪支罪的构成要件》，载《华东政法大学学报》2017 年第 6 期。

原理就是行政机关的行政行为使得相应行为不再具有非法性，主要分为行政行为阻却犯罪成立和阻却刑罚发动两种类型。[①]其中，行政许可是典型的犯罪阻却事由。[②]比如，非法持有枪支的行为，因主管机关的授权许可而不具有刑事违法性。通常而言，行政许可主要是针对那些不能普遍禁止但需要国家特殊管制的行为。不具备行政许可而进行相关行为，实质上损害了国家对于特定秩序的管理利益，从而具备可罚性。具有出罪机能的行政许可存在形式合法与内容合法的双重要求，故而存在程序违法、适用法律错误等情形的行政行为不能产生阻却犯罪成立的效果。比如，行为人通过欺骗、造假等手段骗取主管机关颁发持枪许可，该行政许可也只是徒有合法的外观却不存在赋予持枪行为合法性的根本性依据。所以，这种情况下行为人的持枪行为依然构成非法持有枪支罪。如果主管机关滥用职权违法颁发行政许可，该行政行为同样不具有行政法意义上的合法效力，因而也不能产生阻却犯罪成立的效果。相反，如果行政相对人并不知晓批准其从事某些活动的行政决定存在违反法律法规或程序违法等情形，且其有理由相信根据该批准决定所实施的行为合法、有效，那么，基于合理的信赖利益，该行政行为仍然具有豁免行政相对人承担相关行为引发的违法责任的效力。

需要特别强调的是，在认定行政许可阻却犯罪成立的场合，司法机关不能超越职权对具体行政行为进行实质性审查，但应当对行政许可进行必要的形式审查。因为在当下行政权力扩张适用普遍的背景下，承认行政机关完全意义上的出罪决定权，放弃司法层面的形式审查，可能会产生权力滥用的风险。对阻却犯罪的行政行为进行形式审查，可以在尊重行政机关职权职能与防止权力滥用之间实现关系协调与利益平衡。

二、持有型犯罪的危害结果

危害结果是指危害行为对刑法所保护的社会关系造成的损害，也称为

① 高永明：《行政行为的出罪机能研究》，载《扬州大学学报（人文社科版）》2018年第1期。
② 张明楷：《行政违反加重犯初探》，载《中国法学》2007年第6期。

危害行为对刑法所保护的法益所造成的侵害。对于持有型犯罪的危害结果的讨论,不能脱离持有型犯罪的法益。

前文已述,持有型犯罪的法益存在单一客体与复杂客体之分。作为共性的一般客体,是指持有型犯罪共同侵害的国家对于特定物品的管理秩序,而复杂客体则是指在侵犯一般客体的同时,还侵犯了其他刑法保护的法益。比如,非法持有枪支罪还威胁到公共安全,持有伪造的发票罪侵犯市场经济秩序。持有型犯罪的危害结果围绕上述法益而存在。

一般而言,危害结果在存在形式上既可以是现实的,也可以是抽象的。但持有型犯罪的场合中,相应的危害结果只能以非物质性的形式存在。当持有行为因为侵犯国家对特定物品的管理制度而被犯罪化时,其危害后果只能是对抽象的国家管理制度产生侵害,而且这种侵害只能是抽象的、非物质性的,不能进行具体化。同时,持有型犯罪本身具有行为性与状态性合二为一的特性,决定了其实行行为的实施与危害结果的产生也具有同时性。因此,非实害的静态性是持有型犯罪危害结果的突出特征。当这种非实害的静态被打破,随之产生的危害结果就超出了持有型犯罪规制调整的范畴,从而引起犯罪质的变化,变为他种犯罪。“持有型犯罪是根据对物的持有状态追究刑事责任……不要求产生具体的危害结果,如果因为持有禁止物而客观上又产生重大危害后果,一般就成为相关的其他犯罪,而失去持有型犯罪的本意。”①

进一步展开,危害结果实际上是刑法规定的行为对社会造成危害的结果状态,是行为社会危害性的直接体现。持有型犯罪造成的危险具有抽象性,而抽象危险与法益侵害结果的现实发生之间通常距离很远,所以在处罚抽象危险犯问题上一直存在正当性的质疑。行为无价值理论更是认为抽象危险犯遭受刑法否定性评价的原因并非法益侵害,而是规范违反。实际上,法益保护论与规范违反说并非对立关系,二者仅仅存在立场上的差异,在立法目的上存在本质的趋同性。持有型犯罪立法的根本出发点在于变事后处罚为事前预防,并且将这种预防机制以规范的

① 唐世月、谢家友:《论持有型犯罪》,载《法律科学》1995年第4期。

形式确定下来，以刑法的强制力为后盾保证得到有效实施，以扩张刑罚的规制范围、保障取得实效。而实现法益损害预防的最佳方式，就是提前阻止可能损害法益的行为。倘若法益理论能将其作用机能提前，使得任何人都能接受“保护法益的最佳方案就是‘前置’管控可能损害法益的行为”，自然能在不知不觉中利用新型的规范论述，扩大刑法保护法益、稳定社会秩序的机能。①

风险社会的到来，为刑法创设抽象危险犯提供了社会现实基础与必要性。由结果犯转向抽象危险犯的发展态势符合社会结构变迁，如果一味固守刑法只能处罚结果犯的藩篱，会导致刑法无法适应社会发展需要，与刑法保护社会法益的任务的根本设定严重脱节。承认抽象危险犯的正当性的前提下合理确定其处罚范围，保持风险规制与自由保障的适度平衡才是我们对待抽象危险犯的正确立场。②持有型犯罪作为抽象危险犯的一种，对其抽象危险要素的认定也应当予以适当限定。

第一，行为引发抽象危险可能性的判断，必须建立在相应的基础之上，既包括事实层面的考察，也应当符合一般人的观念与经验。一般来说，抽象危险犯中的危险是对客观行为引发的危险性的推定，这种推定由立法确定，并不需要控方证明。③诚然，立法机关可以通过法定程序进行刑事立法，取消原本属于构成要件范围且应由控诉机关承担证明责任的内容，但这种做法实质上是一种推定。为了防止立法权滥用、违背基本立法理性，对立法推定进行限制是应有之义。其中，合理联系原则是重要的限定条件之一。具体而言，就是要求推定结论与基础事实之间在事实上或经验上存在合理关联性特征。当这种关联关系未达到相当紧密以至于能够得出极有可能的结论的程度，就认为这种推定具有恣意性。④合理联系原则，除了为认定行为与抽象危险之间的关系确立方法论依据，还对保障被告人权利具有重要意义。将抽象危险犯作为社会法益保护提前化的第一选择，就应

---

① 许恒达：《法益保护与行为刑法》，元照出版有限公司 2016 年版，第 23 页。

②③ 劳东燕：《法条主义与刑法解释中的实质判断——以赵春华持枪案为例的分析》，载《华东政法大学学报》2017 年第 6 期。

④ 参见劳东燕：《刑事推定中的合理联系标准》，载《清华法学》2010 年第 4 期。

当坚持这样的立法立场:对刑法保护的法益造成特殊危险的行为才能成为刑法意义上的不法行为,并且要求行为与法益侵害结果之间存在引起与被引起的高度可能性。[①]既然立法机关通过立法活动将推定升格为刑事法律规范,那么对于推定危险存在的情形,就应当要求这样的危险推定符合一般生活经验法则,符合人们对于事物发生规律的认识。比如,非法持有枪支的行为与造成危害公共安全的危险推定之间必须存在符合经验法则的客观联系,如若将枪支的标准设定过低,使得人们根据日常生活经验并不能预见枪支可能引发人员伤亡的结果,势必引发民众对于立法推定非法持有枪支行为引起抽象危险的必要性与合理性的质疑。

第二,抽象危险的判断必须坚持形式与实质相结合的立场。形式与实质的统一是我国刑法对犯罪的基本立场。适用刑法分则时,必须坚持形式、实质相结合的方式,发挥法益对构成要件解读的指导作用。虽然抽象危险系经立法推定存在而不需司法机关在个案中判断,但这并非承认抽象危险的判断可以停留在形式层面。刑法中的抽象危险的推定,应当从两个方面来认定,一是应当符合一般经验法则,二是这种危害法益的抽象危险应当达到需要动用刑法规制的程度。抽象危险存在的判断问题上,以上两点缺一不可。正如有学者所言,对抽象危险的判断,应当按照一般生活经验法则,结合与行为有关的客观情况如行为环境、行为对象等进行结论的妥适性验证。[②]这一结论得到了允许危险驾驶罪适用《刑法》第13条但书条款的规定的司法判决的支持。

抽象危险判断的形式与实质立场,对于非法持有枪支罪同样适用。非法持有枪支罪中抽象危险的判断有赖于持有枪支的行为,而枪支与持有的概念则是解读本罪的核心。根据法益对犯罪构成要件的指导和限定作用,对于枪支持有行为引发的抽象危险存在与否的判断,应当以法益侵害性为根本原则,以《刑法》第13条的但书条款的精神进行反向排除。不顾危险存在与发生的现实可能性的高低,而以形式危险认定成立本罪的抽象危险

① 参见古承宗:《风险社会与现代刑法的象征性》,载《科技法学评论》2013年第1期。
② 参见黎宏:《论抽象危险犯危险判断的经验法则之构建与适用》,载《政治与法律》2013年第8期。

结果，脱离了一般生活经验法则，难以获得公众认同。天津赵某某非法持有枪支一案中，以刑法条文规定的要素对抽象危险进行认定，忽略了危险的实质考察立场，实则是对《刑法》第13条但书条款所承载的精神的违背，同时还将带来体系性逻辑质疑：同为抽象危险犯的非法持有枪支罪与危险驾驶罪应当适用同样的标准和思路来认定抽象危险的存在，承认危险驾驶罪可以适用《刑法》第13条但书条款，却忽视非法持有枪支罪中抽象危险存在的实质可能性判断，势必在教义学上产生矛盾与冲突。

第三，应当允许对抽象危险进行抗辩。抽象危险是立法推定的产物，而且这种推定具有较高的可能性和密切关联性，但其毕竟属于假设范畴，并不代表实行行为必然导致抽象危险的现实发生。何况，这种危险的推定的效果仅在于免除控诉机关对于抽象危险存在的证明责任。以立法推定的方式认定抽象危险的存在，实质就是前置法益保护措施的立场和取向。允许对这种推定产生的抽象危险进行抗辩反驳，可以起到限缩抽象危险犯适用范围的作用，有利于人权保障和防止刑罚滥用。另外，以《刑法》第13条但书规定体现出来的精神来解读，可以发现允许反推抽象危险具有合理性依据。[①]抽象危险犯中抽象危险的立法推定属性，意味着只要存在相应的实行行为，那么就可以径行认定产生或存在抽象危险，而无需证据证明。承认刑法总则第13条但书条款对刑法分则具体罪名的统一适用，决定了对抽象危险只能作容许反驳的推定这样的理解。刑法总则中对情节显著轻微、危害不大的规定，内在里蕴含着对行为危险的实质判断立场的肯定。对抽象危险进行实质性判断，是相关抽象危险犯出罪的直接路径之一。天津赵某某非法持有枪支案中，赵某某持有用于游戏摊打气球的枪形物，形式上具备了成立犯罪的实行行为，推定抽象危险存在的条件已经成就；但这种枪形物的致伤力极低，实际上不可能产生侵害公共安全法益的现实可能性。据此，也就可以引用《刑法》第13条但书条款规定的精神，否定本案中抽象危险存在的可能性，而阻却非法持有枪支罪的成立。

---

① 参见付立庆：《应否允许抽象危险犯反证问题研究》，载《法商研究》2013年第6期。

三、持有型犯罪的因果关系

持有型犯罪的因果关系，是指持有行为与持有状态结果之间引起与被引起的关系。危害结果是危害行为对犯罪对象的作用和影响，危害行为谓之“引起”，危害结果谓之“被引起”，二者的关系称为因果关系。但在持有型犯罪中，情形稍有不同。行为人通过对持有型犯罪对象的持有，即“因”或“引起”者，实现对持有型犯罪对象的控制与支配，形成了持有型犯罪危害结果的现象形态，也即“果”或“被引起者”。持有行为与持有状态的归一性，意味着持有行为与状态结果也具有同质性，表明持有行为侵害了国家特定物品的管理秩序，这种侵害就是持有型犯罪的结果。因为持有行为与持有结果的同时性与共存性，不同于一般行为与结果之间的时间先后之分，二者往往共生共存。也正是这种特性，使得其不同于传统的行为理论，无法用作为与不作为进行区分定义。更重要的一点在于，刑法的社会保护机能，使得人们主动寻求将人与物之间的管控关系或状态进行行为化、犯罪化，以最大程度维护统治阶级的统治，维护社会稳定与公共安全，这就是法的人为性因素导致的刑法上因与果同时出现、同时发生、同时存在的有悖于哲学因果关系的普遍特性存在，而使得持有型犯罪呈现出独树一帜的特点。

四、持有型犯罪的附加条件

犯罪客观方面是区分罪与非罪的重要依据。犯罪客观要件的缺失，将使得犯罪丧失存在的基础，成为无本之木、无源之水。比如，危害行为的有无直接决定了犯罪的成立与否，正所谓“无行为即无犯罪”。同样，对于某些特殊犯罪，危害结果及特定的时间、地点等要素的有无也是认定犯罪成立的重要标准。比如，成立过失犯罪必须要发生法定的危害结果。在持有型犯罪族群中，也存在这样的情况。比如，巨额财产来源不明罪，除了要求国家工作人员所持有的财产明显超过其合法收入水平，还要求国家工作人员对其所持有的明显超过合法收入水平的财产或支出拒绝说明或无法合理说明来源。有学者将事关犯罪成立的时间、场所、情节等因素称为犯罪的附加条件。[1]与此相反，有观点认为类似的规定实则是确立了持有型犯罪中的证明责任倒置规则。笔者认为，"附加"实质上就是相对于其他不要求具备相应的时间、地点、方法等要素即可构成的罪名而言的，是一种限制性立法技术。在成立持有型犯罪的持有行为之外，特别规定构成犯罪还要具备时间、地点、方法等要素，本质上意在限缩构成持有型犯罪的持有行为的范围。证明责任倒置的观点实则是对刑法规定存在误读，未能把握相关规定的刑法定位。何况，将刑法条款解读为刑事诉讼法的内容，本身就存在难以逾越的藩篱，面临实体法与程序法混淆的质疑。

（一）证明责任倒置的澄清

持有型犯罪证明问题的本质，在于刑事诉讼中是否由被告人自证清白的问题，也即是否存在打破公诉方承担有罪证明责任原则，改由被告人承担自证清白的责任问题。之所以会出现这样的问题，主要源于对我国部分持有型犯罪[2]中存在的不能说明合法来源这一规定的解读。[3]主张持有型犯罪存在证明责任倒置的观点认为，上述罪名中的不能说明来源和用途的规定具有明显的证明责任倒置规范属性，将来源或去向的说明义务施加于被告人，意味着被告人须承担一定的证明责任，证明不能则须承担不利后果，这是对被告人不自证其罪原则的突破。[4]按照这种逻辑，该观点认为巨额财产来源不明罪首先由司法机关承担证明巨额财产的持有人系该罪的适格主体，以及相应财产或支出明显超过合法收入水平的证明责任。接下来对于财产的合法来源的证明问题转由被告人承担。一旦被告人不能证明财产的合法来源，将面临刑罚处罚的风险。非法持有国家绝密、机密文件、资料、物品案件同样如此。按照这种逻辑与思路，"如果行为人不能证明其持有特定物品的合法性，就可以推定属于非法持有并予以定罪处罚"。[5]"在非法持

① 参见张曙光：《论持有型犯罪的"附加条件"》，载《法学家》2015年第2期。

② 主要是指非法持有国家绝密、机密文件、资料、物品罪与巨额财产来源不明罪。

③ 参见陈瑞华：《问题与主义之间——刑事诉讼基本问题研究》，中国人民大学出版社2003年版，第449页。

④ 参见刘亚娜：《持有型犯罪的系统研究》，吉林大学2005年博士学位论文，第129页。

⑤ 参见张曙光：《中国持有型犯罪的证明责任研究》，载《经济研究导刊》2013年第27期。

有型犯罪案件中,证明责任的分配也处于倒置状态。”①

上述观点受到刑法学界的普遍反对与批判,他们认为,该问题产生的背后,是“诉讼法上的误解来源于实体法上的把握不准确”。②反对持有型犯罪存在证明责任倒置的观点又分为两派,一派认为不能说明来源等规定与其他罪状内容一样,都是构成本罪的实体要件要素内容,在程序意义上是证明对象,并非证明责任规则,更不是证明责任倒置。另一派认为,法条规定中的前半部分已经完整表述犯罪构成,后半部分的不能说明来源并非犯罪成立的实体内容,而是“多余的”程序规定,实际上不一定非得在实体法中作这样的规定。比如,控诉机关首先要证明国家工作人员持有巨额财产的客观事实,其次要按照该法条的程序性规定,“责令其说明来源”,其不能说明合法来源的,再以该罪认定。这是办理此类案件的通常思路,与证明责任并无关系。③

对于证明责任倒置存在与否的争论,实质上是对拒不说明合法来源和用途等规定在犯罪构成中的地位与功能的不同理解。要解决该争议,关键在于如何理解拒不说明合法来源和用途、不能说明合法来源的规定的立法目的与功能。

(二)附加条件的合理解读

事实上,作为“堵漏型”刑事立法规范,只有排除持有特定物品的行为构成关联犯罪,才能以持有型犯罪认定。1994 年最高人民法院在对全国人民代表大会常务委员会《关于禁毒的决定》作出的司法解释中指出,无法证实持有毒品以进行其他毒品犯罪为目的,或对毒品的持有系上游犯罪的结果时,才能认定为非法持有毒品罪。如果能证实持有的真正目的构成其他犯罪,就应以相应罪名进行评价。④这一结论也得到了 2001 年《全国法院审理金融犯罪案件工作座谈会纪要》对持有假币罪立法所作解读的支持。从这里可以看出,不能查明持有对象的来源或去向是适用持有型犯罪的前

① 何家弘:《司法证明方法与推定规则》,法律出版社 2018 年版,第 152 页。

②③ 储槐植:《刑事一体化》,法律出版社 2004 年版,第 185—300 页。

④ 谢望原、赫兴旺主编:《刑法分论》,中国人民大学出版社 2011 年版,第 368 页。

提条件。[1]

上述几个存在附加条件的持有型犯罪有一个共同点：成立持有型犯罪，除了具备持有的客观要件，还需符合“不能查明物品的来源或去向”这样一个特殊要件。换言之，持有的特定物品的来源或去向能否查清，是持有行为能否构成持有型犯罪关联犯罪的基础与前提。如果能查清，则按照实际查清的事实和情节定罪处罚，不再以持有型犯罪论处；若不能查清，则以持有型犯罪追究刑事责任。所以，对于成立持有型犯罪所要求的特殊要件也即附加条件，可以表述为持有物品的来源或去向不能查明或得到合理说明。

附加条件的设定并非随意而为之，其背后有相应的立法原理和刑事政策依据支撑。通常认为，就立法论立场而言，立法者通过设置持有型犯罪这类特殊的犯罪构成来发挥刑法的补漏与堵截功能，目的是解决司法实践中存在的难以证明行为人所持对象的来源或去向，导致持有的关联犯罪难以追究，进而可能产生放纵犯罪的问题。所以，立法者为了弥补法律漏洞，完善刑法规制体系，降低犯罪证明难度，以“不能查实特定物品的来源或用途”为前提，就已查明的持有事实，设立持有型犯罪这一独立罪名来实施刑法规制。[2]在这样的立法思路指引下，司法实践就遵循持有型犯罪与关联犯罪的位阶先后关系，坚持持有型犯罪最后适用的立场。应当先对持有对象的来源或去向进行调查，优先适用关联犯罪的构成要件；只有在确实无法查明持有对象的来源或去向，且不追究刑事责任又会放纵犯罪的情况下，才能以持有型犯罪定罪处罚。[3]

应当注意的是，对于持有型犯罪“不能查清或合理说明持有对象的来源或去向”这一条款的理解，应当从两个方面着手：一是行为人拒绝说明或作虚假说明，二是司法机关不能查明，二者不可偏废。如果只要求行为人不能合理说明，排除司法机关的侦查，那么就会产生这样的结果：只要事实持有的行为人拒不说明来源或去向，司法机关就可以持有型犯罪来追究刑

---

① 参见张曙光：《论持有型犯罪的“附加条件”》，载《法学家》2015 年第 2 期。

② 参见梁根林：《刑事法网：扩张与限缩》，法律出版社 2005 年版，第 89 页。

③ 同上书，第 91—92 页。

事责任,而无需继续追查持有物品的真实来源或用途。因为持有物品的来源或用途所犯之罪证明难度明显比证明持有的事实大得多,持有型犯罪的这种设定可能会变相鼓励侦查人员放弃追查该类犯罪的关联犯罪从而放纵犯罪。其实,司法机关不能查清持有对象的来源或去向,且行为人亦不能对此作出合理说明,就意味着无法证明持有物品的行为构成其他关联犯罪。这样理解既符合持有刑事规范的立法考量,也与持有型犯罪的"最后手段性"的刑事政策相吻合。

第三节 持有型犯罪的主体要件

犯罪主体是犯罪构成的必备要件之一,包括自然人和单位。正确认识持有型犯罪的主体,对于准确理解和适用相关刑法规定,更好地发挥该类罪名的刑法规制功能,具有积极意义。

一、持有型犯罪的自然人主体

根据有无主体限定,可以将自然人主体分为一般主体与特殊主体。特殊主体持有型犯罪,就是除了要求具备刑事责任能力,还要具有法律规定的身份。如我国巨额财产来源不明罪就仅限于国家工作人员。

进入刑法中的持有一般是指非法持有,而持有的非法性来源通常有两种:一是持有对象非法,二是持有主体非法。成立对枪支"非法持有"的三个条件包括:不具有配枪资格、违反枪支管理规定、擅自持有。据此可以看出,持有枪支、弹药的行为被描述为一种事实,而非法性则是持有人的持有不符合法律规定。所以,司法实践中是从行为人的身份或资格来认定持有的非法性问题。比如,警察依法配备枪支和未经批准的公民持有枪支,对象相同,但对二者的刑法评价并不相同。根源就在于二者的持枪行为是否具有合法依据或者说正当性。

特定的身份或职责可以赋予行为人持有的合法性。通常而言,警察可以持有枪支、弹药,普通民众则不能。但警察也并非在任何时候都可以合法持有枪支。比如,根据规定,警察在执行职务期间只能持有一支枪,但其私自配备了另一支枪，在这种情况下，其对执行职务期间所配枪支的持有具有正当性依据，在私自配备枪支上则因其正当性依据的缺乏而具备了持有的非法性特征，其身份或职责并不能赋予其私自配枪并持有的合法性，所以，即便存在合法资格也可能构成非法持有枪支罪。还有一种情况也能说明警察职责与非法性的关系。警察依法可以持有枪支，如果其违反规定，擅自将枪支非法出租、出借给他人，枪支的受让人因其不具备持有枪支的合法性依据而构成非法持有枪支罪没有异议，那么此时警察的行为应当如何评判？根据持有的状态属性，持有分为事实层面和法律层面，当枪支出租、出借以后，枪支的事实占有在受让人，但因枪支的归属及合法使用权不能通过出租、出借而让渡，故而枪支的法律持有仍然在出租、出借的警察手中，二者对枪支出租、出借后所形成的非法持有枪支罪，均应当承担刑事责任。

由此可以看出，对于持有的非法性判断，不能仅仅根据法律规定的一般资格或身份，还要具体情况具体分析。具备身份或资格只能提供一般性指引，还要结合具体的持有对象来审查是否存在持有的合法性依据。

二、单位能否成为持有型犯罪主体

1997 年我国修订刑法，全面肯定单位可以成为犯罪主体。[①]但在单位能否成为持有型犯罪主体问题上，存在些许争论。有观点认为，持有型犯罪的主体仅限于自然人，单位不能成为持有型犯罪的主体。我国台湾地区学者史尚宽就认为，虽然民法上法人可以通过代表人实现占有，但刑法上并没有认可法人持有的价值和必要性。德国的通说均不认法人之持有。[②]该说目前处于我国学界的主流地位。

也有观点认为，单位可以成为持有型犯罪主体。在日本，就存在认为法人可以成为持有主体的观点。[③]而 1940 年《西班牙刑法典》第 65 条就肯

① 参见朱建华主编：《刑法学研究提要》，法律出版社 2013 年版，第 348 页。

② 史尚宽：《论占有与持有》，载史尚宽：《民刑法论丛》，荣泰印书馆 1973 年版，第 449 页。

③ [日]木村龟二主编：《刑法学词典》，顾肖荣、郑树周等译校，上海翻译出版公司 1991 年版，第 689 页。这里的持有本是侵占罪的持有。

定了社团法人的持有:"如果社团所在地储藏武器军需品或炸药,则不仅住在该社团之雇员应负责,而该社团理事会亦应负责。除非根据某一种或其他种方法可以充分判断其对此项储藏毫不知悉。"

持有型犯罪能否由单位构成,是我国刑法学界争论已久的课题。目前,我国的立法实践已经出现认可单位作为持有型犯罪主体的立法规定,比如持有伪造的发票罪。

案例 3:湖南省浏河彭记轩食品有限责任公司、刘某持有伪造的发票案①

湖南省浏河彭记轩食品有限责任公司成立于 2014 年 4 月 22 日,法定代表人系刘某。2017 年 8 月的一天,刘某为使湖南省浏河彭记轩食品有限责任公司虚增固定资产,以备将来申报国家关于农副产品的专项项目扶持资金,通过互联网联系购买了 4 份伪造的增值税普通发票,并由公司会计记入公司的固定资产项目。经查,4 份伪造的增值税普通发票金额为人民币 1778543.69 元,税额为人民币 53356.31 元,价税合计人民币 1831900 元。2018 年 9 月 17 日,刘某主动到公安机关投案,到案后如实供述了上述事实。

法院认为,被告单位湖南省浏河彭记轩食品有限责任公司明知是伪造的发票而持有,数量较大,被告人刘某作为直接负责的主管人员,其行为均已构成持有伪造的发票罪,遂对被告单位判处罚金,对直接负责人判处拘役,并处罚金。

笔者认为,允许单位成为持有型犯罪主体,具有一定的合理性。首先,自然人犯罪理论体系是构筑在人的意识与意志基础上的,而单位犯罪则是将单位组成人员的共同意志抽象归纳成单位意志并予以拟人化,承认其法律地位,赋予其承担刑事责任的资格。既然我国刑事立法中早已存在单位犯罪的实践,那么,根据以意识与意志为核心的犯罪理论来否定单位犯罪的存在,首先在方法论上就存在问题,并不具有天然的正当性。其次,单位作为由自然人组成的集合,其意志是自然人意志的集

① 参见湖南省长沙市中级人民法院(2020)湘 01 刑终 157 号刑事判决书。

合和凝聚，在共同利益的驱使下，单位成员各负其责，形成有机的统一整体，为着共同的利益而行动。此种情形下，就如同社会一样，单位已非个人的简单结合，承认国家意志概念，就应当认可单位同样存在意志、意识和责任能力。最后，刑事立法对社会具有重要的影响，单位犯罪立法同样会对社会产生密切影响。立法承认单位犯罪，兼具限制与扩张刑罚范围的机能。一方面，可以起到扩张刑罚范围的效果。单位成为犯罪主体，使得犯罪主体范围扩大，刑事责任的承担主体相应扩展，刑罚范围随之扩张。另一方面，可能会起到限制刑罚范围的作用。单位是由自然人组成的组织，其组织化的架构模式下，每个单位成员可能或多或少参与了犯罪，在该罪是故意犯罪的情况下，单位成员势必成立共同犯罪，无一例外。如此，拒绝承认单位犯罪，不但未缩小刑罚圈，反而极大地扩张了刑罚的范围。反之，承认单位犯罪的主体地位，并不必然扩张刑罚范围，而是通过“法不责众”的特殊处理，对刑罚予以谦抑化处理，仅对直接负责的主管人员和其他直接责任人员予以刑事惩戒，从而实现刑罚的更大实效。恣意将人定罪，推向社会对立面的做法，实不可取。拒绝承认单位的犯罪主体地位，不仅可能影响预防和打击犯罪的效果，还可能导致惩罚面过宽而有违刑法谦抑性。

承认单位犯罪的主体地位，对我国社会治理具有积极意义，尤其是在行政犯的场合，这种意义更加得到凸显。我国刑法承认单位犯罪的主体地位，在我国刑法分则的部分罪名规定中，单位可以成为某些特定物品的生产犯、转移犯等犯罪的主体，比如，走私、贩卖、运输、制造毒品罪；某些广义的类持有犯也可以由单位构成，比如非法储存枪支、弹药、爆炸物罪。但对于本书所研究的除持有伪造的发票罪之外的典型意义上的持有型犯罪，我国刑法尚未承认单位作为犯罪主体的地位。这点可以从《刑法》第 128 条的规定得到印证。

我国《刑法》第 128 条规定：违反枪支管理规定，非法持有、私藏枪支、弹药的，处三年以下有期徒刑、拘役或者管制；情节严重的，处三年以上七年以下有期徒刑。依法配备公务用枪的人员，非法出租、出借枪支的，依照前款的规定处罚。依法配置枪支的人员，非法出租、出借枪支，造成严重后果的，依照第一款的规定处罚。单位犯第二款、第三款罪的，对单位判处罚金，并对其直接负责的主管人员和其他直接责任人员，依照第一款的规定处罚。本条第4款明确将第1款非法持有枪支、弹药罪排除在单位犯罪之外，但这样的规定存在矛盾之处。根据非法制造、买卖枪支、弹药罪的规定，单位可以成为本罪犯罪主体，如果查实单位构成非法制造、买卖枪支、弹药罪，则应当按照单位犯罪的相关规定，对单位处以罚金刑，对相关责任人员依照非法制造、买卖枪支、弹药罪定罪处罚。但因为在非法持有枪支、弹药罪的刑法原文中没有单位可以构成该罪的规定，从而排除了单位成立非法持有枪支、弹药罪的可能。持有型犯罪具有典型的堵漏的立法设定，假定只能确定单位保存枪支、弹药的事实，并无单位制造、买卖枪支、弹药的证据，按照现行规定，既不能以非法制造、买卖枪支、弹药罪对单位进行处罚，也不能以非法持有枪支、弹药罪对单位进行处罚。那么，在这种情形下，刑法就只能无视吗？

换个角度进一步分析。当单位构成非法制造、买卖枪支、弹药罪时，对单位和直接负责的主管人员、其他直接责任人员依照非法制造、买卖枪支、弹药罪定罪处罚，单位其他人员并不受牵连。如若仅能认定单位保存枪支、弹药的事实，那么，对于单位的自然人，就需以共同犯罪来进行定罪处罚。而同一个单位的自然人，对单位的活动或多或少都有参与，如此势必均要以非法持有枪支、弹药罪进行定罪处罚。从行为性质上来看，非法制造、买卖枪支、弹药的行为明显比非法持有枪支、弹药行为的社会危害性大。刑法对社会危害性大的行为所处罚的范围，竟然比社会危害性较小的行为的处罚范围还要小，不符合罪刑相适应原则的要求，也经不起逻辑推敲。是故，笔者认为承认单位作为持有型犯罪的主体，具有合理性和积极的现实意义，应当对当前的立法进行修正。

第四节　持有型犯罪的主观要件

犯罪主观要件实质是对人内心的考察，而内心则属于精神范畴，不像客观事实存在那般容易认识和把握。“你无法看到犯意，甚至最先进的现代技术也无法发现或者衡量犯意。”[①]而在司法实践中，趋利避害的天性使得人会出于本能拒绝供述主观心态，由此更提高了认定难度。但主观要件又是犯罪构成的必备要素，无法回避，只能通过客观外化的行为推定主观心理状态。由于持有型犯罪的独特行为方式和属性，在认定行为人的主观故意时无法提供确切的指引。有人认为，基于持有型犯罪的立法目的与独特行为方式，应当采用严格责任主义；也有不同意见认为我国不适宜采用严格责任。还有人认为，成立持有型犯罪要求行为人对持有行为与对象明知，但该明知如何认定，成就标准如何确定，仍存在疑问。

笔者认为，严格责任原则在我国当前的社会语境下并不具备适用的基础和条件。主客观相统一的基本立场贯穿于我国刑法的始终，主观罪过始终是犯罪的必备要件，也是向行为人施加刑法责难的主观根据，也就是所谓的“无罪过即无刑罚”。罪刑法定原则之下，不能径行对罪过不明的行为人作存在犯罪主观故意的推定，允许其进行反驳也不行。所以，通常认为持有型犯罪只能是故意才能构成。如此，我国刑法不认可严格责任原则在持有型犯罪的存在。即便在严格责任主义盛行的英美法系国家，也并非一概忽视对罪过的重视。美国联邦最高法院曾经指出，只有有意识的行为，才能作为刑罚的对象。惩罚无意识行为不仅没有意义，同时也不人道。[②]

一、持有型犯罪引入严格责任原则的批判

（一）严格责任原则的渊源及其辩证审视

严格责任原本是主要适用于高度危险行为等民事侵权案件的归责原则，侵权责任不以主观故意的存在为前提。如我国《民法典》第1240条规定的情形，就被认为是适用严格责任的体现。在环境污染、建筑悬挂物坠落伤人等民事案件中也存在适用严格责任的情况。英美法系国家更是将严格责任引入刑事审判中，有学者将此类刑事案件称为严格责任犯罪。[③]

采用严格责任的犯罪的特点在于，控诉机关只需证明存在行为、结果

① Jerome Hal, General Principals of Criminal Law, Lexis Law Pub, 1960, p.106.

② 储槐植、江溯：《美国刑法》，北京大学出版社2012年版，第31页。

③ 何家弘：《司法证明方法与推定规则》，法律出版社2018年版，第153页。

且行为与结果之间存在因果关系，法院就可以认定犯罪成立，主观罪过的证明责任被免除。《布莱克法律词典》将严格责任犯罪解释为“不要求犯意要件的犯罪，如超速驾驶或企图携带武器登机”。[①]英美法系国家的严格责任犯罪一般仅限于轻罪，且刑罚种类往往是罚金。

严格责任主义是刑法归责方式的一种，是英美法系刑法中具有“理论魅力和特色的制度”。[②]归责原则作为确定行为人刑事责任的方法和依据，伴随着法律的进步而不断发展，历经结果归责、主观责任到严格责任的演变过程。人类社会早期奉行结果归责，只要行为人的行为造成了损害结果，不问行为人主观罪过就可以适用刑罚。到 16 世纪末 17 世纪初，随着社会的发展，主观罪过逐渐成为限制结果归责的处罚范围的重要因素，最为典型的就是英国“无罪过即无刑罚”原则。至此，从结果归责逐渐发展为主客观相统一的刑法基本原则，最终确立了以处罚故意犯罪为原则，以处罚过失犯罪为例外，对意外事件等情形不予刑法评价的处理模式。

19 世纪末 20 世纪初，社会生产力得到空前发展的同时，犯罪工具所能造成的危害也呈指数级上升，严重危及公共健康与社会安全的犯罪行为发生的危险性和现实性骤增。这其中一些犯罪严重危害社会公共利益且主观心态难以取证，按照既有的刑事诉讼设计，很难对其进行刑事追诉。部分犯罪分子就利用这个漏洞逃脱刑罚，不利于保护社会安全与公共利益。为了堵塞这个漏洞，英美法系刑法打破原有的罪过责任主义，确立了不要求犯意的“绝对责任制度”。绝对责任主义的确立对于有效打击犯罪发挥了重要作用。但随着社会的发展与进步，这种绝对责任主义的弊端日益明显。在美国曾经发生过一起这样的案件，被告人坎特被指控雇用未成年人奇希拍摄色情电影，坎特辩称其不知道也没有理由知道奇希是未成年人，因为奇希的证明文件和自身的生理特征都表明她是成年人，其已经善意地遵守了法律。检方认为是否明知奇希的年龄并非犯罪构成要件。法官认

① Bryan A. Garner editor in Chief, Black's Law Dictionary, Seventh Edition, West Group, 1999, p.378.

② 李瑞生：《论英美刑法之绝对严格责任》，载《济南大学学报》2006 年第 6 期。

为，如果雇主只是因为受到欺骗而导致了一个事实错误就要被处以监禁刑和严重的罚款，这是不公平的，遂确立善意辩护原则，赋予被告人通过抗辩来证明自己不存在主观故意的权利，从而可能免于刑事处罚。这就是所谓的严格责任主义。[①]严格责任主义是对绝对责任主义的修正，通过立法推定犯意存在而免除控诉机关的相关证明责任。

存在即合理。英美法系国家确定严格责任主义原则，有着特定的历史渊源与社会背景。英美法系国家确立的严格责任制度，[②]以控制社会风险与保障公共利益为核心，体现了功利主义的价值取向，是“英美实用主义和实用哲学思想的集中体现”。[③]严格责任主义的兴起，看似是以个人法益为中心的传统刑法法益体系的巨大改变，进而引起确定刑事责任的依据的巨大嬗变，实则不然。认真思考严格责任主义背后的法理和设计可以发现，其本质上仍然属于罪过责任范畴。理由有二：

首先，严格责任主义下主观罪过的存在是立法推定的结果。英美法系刑法中只有存在制定法依据的，才能适用严格责任。比如英国刑法中，适用严格责任的立法规定都出自制定法，普通法中只有公害罪、中伤性与亵渎性诽谤罪、蔑视法庭罪等少数犯罪实行严格责任归责。即便在制定法中，只有那些法条中没有“明知故犯”等限定词语时，法官才可以在这些犯罪中适用严格责任进行归责。[④]美国也有类似的规定，仅当立法明文规定可以适用严格责任时才能适用，并且适用后须降格为违警罪处罚。[⑤]如《伊利诺伊州刑法典》总则中曾规定，不受监禁或罚金不超过500美元的轻罪，并且行为缺乏任何一种法定的犯罪心态或法律明确规定对某一行为施加绝对责任时，行为人才构成犯罪。[⑥]因此，英美法系国家中的严格责任通常仅适用于法律明文规定无需证明被告人存在犯意的特定犯罪。而对于制

① 参见孙凤娇：《我国刑法中严格责任之体系地位》，载《兵团党校学报》2019年第1期。

② 臧冬斌：《食品安全法律控制研究》，科学出版社2013年版，第98页。

③ 胡鹰：《过失犯罪研究》，中国政法大学出版社1995年版，第249页。

④ [英]鲁珀特·克罗斯、[英]菲利普·A.琼斯：《英国刑法导论》，赵秉志等译，中国人民大学出版社1991年版，第68页。

⑤ 李春雷、张鸿巍主编：《外国刑法学概论》，北京大学出版社2011年版，第314页。

⑥ 储槐植、江溯：《美国刑法》，北京大学出版社2012年版，第53页。

定法未作规定的情形,应当认为成立该罪需要具备主观罪过的要件。事实上,英美法系刑法中将严格责任的适用范围交由制定法明确限定,也是意图通过制定法的形式来明确传达这样的立法思想:基于某些因素的考量,将某些犯罪行为中主观犯意的存在具有高度盖然性且其证明异常困难或者代价过大的情况,直接规定为不考察其主观故意,同时赋予被告人以自我抗辩不具有犯罪故意的权利。所以,英美法系刑法中的严格责任实质上是一种立法推定,推定其存在犯罪的主观故意。

其次,英美法系刑法中的严格责任推定行为人具有犯罪故意,但允许其就此提出抗辩从而免于刑事处罚。在肯定制定法规定实行严格责任的犯罪存在主观故意是一种立法推定的前提下,设置例外程序,允许否定这种立法推定。所以,英美法系刑法在规定适用严格责任的罪名中,又另外规定允许行为人就其主观故意作出抗辩。当这种抗辩足以推翻这种立法推定时,就不再将行为人的行为作为犯罪处理。这是在程序上设置的立法推定的例外补救措施。立法推定毕竟只是根据生活经验和逻辑法则推导出来的发生概率较大的假设,但概率再高也不等于必然,也可能出现例外情况,当行为人确实履行法律义务且尽到合理的注意义务时,如果不加区分一律认定为犯罪,势必引发实质不公。所以,严格责任主义兼顾打击犯罪与保障人权的双重考虑,在通过制定法免除控诉机关证明行为人主观罪过存在的责任的同时,也允许行为人以无犯罪故意、尽到合理注意义务、第三人责任等作为辩护理由进行反驳。因为严格责任原则豁免了司法机关的举证责任,转而要求行为人自行证明不存在主观罪过,据此有观点认为严格责任实际上是一种举证责任倒置制度。①

综上所述,严格责任主义不同于绝对责任主义,其实质上仍然属于罪过主义范畴,并非对传统罪过理论的颠覆,只是由于部分犯罪的特殊情形,规定实行“默认存在犯罪罪过”的立法推定,并允许行为人反驳来推翻这种立法推定。所以,严格责任原则并未超出罪过责任原则,并未推翻整个刑法的根基。

---

① 孙凤娇:《我国刑法中严格责任之体系地位》,载《兵团党校学报》2019年第1期。

（二）持有型犯罪的严格责任之争

一般而言，仅当行为人明知特定物品的属性仍决定持有时，方能具备刑事可罚性而构成持有型犯罪。然而，持有型犯罪的实行行为与结果存在同时性与状态性特征，使得该犯罪主观方面始终存在犯意不明问题。[①]这引发了刑法学界的大讨论。一种意见认为，持有型犯罪不需要主观罪过。比如，对于非法持有毒品，只要证实非法持有毒品的客观事实存在，且数量达到规定要求，就可以认定构成犯罪，而不必证明持有人存在主观明知，除非其提出有力证据来进行抗辩。根据这种观点，实体规范上判断犯罪构成的必备的主观要件就不再是必须证明的事实，只需要证实持有的客观状态。[②]这种观点实际上主张引入英美法系的严格责任原则，“严格责任并不要求控诉机关证明被告人的犯意，但允许被告人证明自己主观上不存在过错作为其抗辩理由”。[③]这样既可以减轻控诉机关的证明责任，解决持有型犯罪主观要件难以证明的诉讼难题，又能通过赋予行为人就其主观犯意进行抗辩的权利来避免其受到不当的非难。但这一主张遭到了很多学者的反对。陈兴良教授认为，诉讼以公正为根本价值，以提高诉讼效率为名推行无过失责任，无异于本末倒置。不实行无过失责任，并不必然产生放纵犯罪的后果。[④]

支持引入严格责任的观点主要有三个理由。首先，适用严格责任有利于充分发挥刑法规制功能，实现刑法预防目的。因为持有型犯罪的行为性与状态性相统一的特点，无法从犯罪实行行为中窥探行为人的主观故意，使得行为人的主观故意的证明极为困难。如果因此导致犯罪无法成立，无疑会放纵甚至助长此类行为的滋生蔓延，严重威胁社会。适用严格责任则可以刑法的强制力与威慑力为后盾，迫使行为人谨慎行事，主动采取措施避免此类行为发生。

① 农海东：《刑事政策视野下的持有犯意解释》，载《四川职业技术学院学报》2018 年第 1 期。

② 苗有水：《持有型犯罪与严格责任》，载《法学论坛》1998 年第 5 期。

③ 骆梅芬：《英美法系刑事法律中严格责任与绝对责任之辨析》，载《中山大学学报（社会科学版）》1999 年第 5 期。

④ 参见陈兴良：《刑法哲学》，中国政法大学出版社 2009 年版，第 249—250 页。

其次，适用严格责任契合社会现实。当前我国处在飞速发展中，完备的制度规范体系尚未形成，而像污染环境等犯罪却呈愈演愈烈之势，严重威胁和侵害社会公益。启用刑法规制手段需要证明行为人存在主观罪过，但客观上上述犯罪的主观罪过又难以证明。基于维护社会公共利益的立场，应当允许对相关犯罪行为适用严格责任。

最后，适用严格责任可以保障受害者权益。限于主观罪过的难以证明，而使得严重侵害社会公共利益的行为人不受刑罚惩戒，无疑会增强行为人的侥幸心理，变相鼓励其继续实施危害行为，从而侵害更多人的合法权益，这对于权利保障是极为不利的。严格责任的适用可以消除对主观罪过不明的行为人施加刑罚的障碍，能够更好地保障和修复受害人的权益。

反对引入严格责任原则的学者则认为，主观罪过是持有型犯罪的必备要件，不可或缺，不能使用立法推定的方式将该证明责任予以豁免。主要有三个理由。

首先，主客观相统一原则是我国刑法的基本立场，只有同时具备构成犯罪的主观要件与客观要件才能纳入刑法规制范畴予以评价。也正因此，我国刑法规定“无故意、过失的行为不是犯罪行为”，即无罪过即无犯罪。严格责任有结果归责之嫌。

其次，从功利主义的刑罚报应理论来看，严格责任原则因存在系统性冲突而无法融合。功利主义的刑罚报应理论认为，对实施刑法禁止实施的行为的人予以刑罚处罚，可以震慑他人。惩罚个体的必要性，在于其放弃合法行为转而实施违法行为，且这种行为应当受到道德谴责。比如，明知自己的行为违反刑法却仍然有意识地去实施。对于受到误导、尽到合理注意义务却无法预见等情形下实施的违反刑法的行为，行为人并未以目的性的故意心态为之，就不能对其施以刑罚。而严格责任原则下，行为人的主观要件不再成为犯罪构成要件，那么他可能因任何原因违反刑法禁止规范而遭致刑罚，趋利避害的天性使其可能会放弃任何可能带来惩罚的权利行使，即便有些权利的行使是受宪法保护的。另外，在受到误导、尽到合理注意义务却无法预见等情形下实施的违反刑法的行为，行为人主观上认为自己的行为是合法的。在此心态下，没有任何证据表明其在行为完成之前意识到自己做错了事，也就不会主动改变自己的行为，若不顾主观心态径行予以刑事责任追究，明显不妥。

最后，严格责任实际上确立了立法推定被告人存在主观故意的规则。赋予被告人抗辩的权利，实际上是要求被告人承担其不存在犯罪的主观故意的证明责任。所以，从一定意义上说，严格责任就是对证明责任的重新分配。但这种证明责任承担主体的改变，势必引起对被告人施加刑罚的公平性的质疑。[①]在过错责任的情形下，按照公认的疑罪从无原则，证明被告人有罪的责任由控方承担，被告人不负有证明自己无罪的责任，控方只有获得足以证明被告人有罪的证据才能对被告人起诉，法院也才能定罪判刑。[②]严格责任意味着"被告人不能证明自己无罪就是有罪"，这种改变了诉讼结构、增加被告人举证责任的立场，对被告人而言是极为不公平的，违反了不得自证其罪的原则。

（三）我国持有型犯罪的归责立场

严格责任制度在英美法系国家经历了漫长的发展过程。严格责任因其效率立场与实践正义性，尤其在基于保护公共利益的目的而对公益犯罪以及其他难以取证的相关犯罪实施惩罚措施时表现出来的无可比拟的优越性，在推动实现法律的功利价值与公正价值的融合双赢上具有积极意义。这也是其存在的价值所在。[③]但严格责任从根本上改变了传统犯罪罪过形式，降低甚至取消了犯罪主观要件的限制和要求，用之不当极易造成侵犯人权、挤压人的正常权利空间的不利后果，并且我国与英美法系国家在立法习惯、法治传统、社会发展水平等方面存在诸多不同。在探讨是否引入我国刑法时，必须结合我国刑法基本制度、社会传统等慎重论证。笔者认为，在我国持有型犯罪的归责原则问题上，引入严格责任制度的条件尚不成熟。

首先，严格责任"在罪名上，只能适用于少数对社会公共利益危害非常大且主观方面的证明又非常困难的犯罪，对这类犯罪用行政制裁和民事制

---

① 张锐：《刑法中严格责任若干问题研究》，吉林大学2009年硕士学位论文，第9页。
② 参见孙凤娇：《我国刑法中严格责任之体系地位》，载《兵团党校学报》2019年第1期。
③ 参见欧锦雄：《刑法上严格责任之否定》，载《杭州商学院学报》2004年第3期。

裁已经不足以起到震慑的作用,而传统的刑事诉讼方式又因控诉方难以有力证明行为人的主观过错,使司法效率和打击力度受到极大影响”。[①]基于严格责任的特性,其适用范围应当限制在严重危害社会公益且难以证明存在主观罪过的少数罪名中。传统诉讼机制中主观罪过证明的局限严重阻碍对此类犯罪刑法规制功能的发挥,由此严格责任的价值和功用得以凸显。目前,英美法系国家适用严格责任制度的案件也多集中在侵犯公共利益的犯罪等领域。事实上,在涉及社会公共利益保护的案件中适用严格责任并不违背我国刑法规定。我国也可以在侵犯社会公共利益如污染环境等领域的案件中采用严格责任制度。具体到持有型犯罪的问题上,大部分持有型犯罪通常并不存在对社会公共利益造成巨大危害的客观条件,也就缺少了在持有型犯罪中确立严格责任的现实基础。

其次,重视公共利益的保护也不能忽视个人权利的保障。引入严格责任时,倘若过分重视保护社会公共利益,可能会出现越界侵害人权的后果。为了平衡社会公共利益保护与个人权利保障的关系,在豁免控诉机关关于主观罪过证明责任的同时,应当允许被告人就不存在主观罪过进行抗辩。如果抗辩成功,则产生阻却犯罪成立的效果。“这样一来,就使不公正的程度有所减轻。”[②]英美法系国家规定了相应的抗辩事由。比如,英国除了立法明确抗辩理由,还形成“善意辩护”制度,意即允许被告人在被控诉机关以严格责任发起刑事指控时,以诚实、合理的理由来说服陪审团或法官相信其不存在主观罪过,如果能说服成功,则可以实现免罪。[③]目前我国主要存在认识错误、意外事件、不可抗力、不具有期待可能性等抗辩事由。倘若行为人在事前的注意义务与事后的必要措施方面不具有过错,且没有排除妨碍的责任不能归咎于行为人,就可以抗辩事由进行免责抗辩。事实上,我国当前的社会发展水平下,法律的普及尚在完善中,贸然在被告人身上施加自证无罪过的证明责任,必然会增加被告人的讼累和增加经济负担;

① 颜娟:《试论我国刑法中的严格责任》,载《山西省政法管理干部学院学报》2006年第3期。

② 参见[英]鲁珀特·克罗斯、[英]菲利普·A.琼斯:《英国刑法导论》,赵秉志等译,中国人民大学出版社1991年版,第78—79页。

③ 刘仁文:《刑法中的严格责任研究》,载《比较法研究》2001年第1期。

我国当前也不具备推行善意辩护的客观社会基础。

再次，明知应当是持有型犯罪的共有要素。我国刑法关于持有型犯罪的规定中，对部分罪名存在“明知”的要求，比如，对假币、伪造的发票的持有就要求行为人对对象存在明知。对于未规定明知的持有型犯罪，也应当作具有明知的主观故意要求的解释。这是因为持有型犯罪作为一个犯罪类型，其包含了数个具体罪名。这些罪名中存在共性特征，这种共性特征使得其可以被归类到持有型犯罪类型中；另外，持有型犯罪部分罪名也存在个性特点，使之区别于该类型中的其他罪名。如果将持有伪造的发票罪等罪名中规定的明知理解为一般条款中的特定主观要素，那么其他未规定明知的持有型犯罪则属于未规定特定主观要素的特殊条款。根据哲学一般性与特殊性、共性与个性辩证关系原理，一般条款的效力应当及于特殊条款，一般条款中的明知规定对于特殊条款同样适用。所以，主观要件是成立持有型犯罪的必备要件。而且，只有基于对对象的明知而实施的持有行为，才会产生刑法责难的可能性。过失持有和被栽赃而持有的行为，不具有刑事可罚性。[①]我国刑法并未将证明责任加于被告人，司法机关仍须承担查清被告人的主观罪过的证明责任，排除不存在认识可能性或被人栽赃陷害的情形。

另外，严格责任一般仅限于刑罚较轻的罪名。因为严格责任将被告人的主观故意置于立法推定存在的境地，相当于减少了犯罪构成要件，这就使得被告人处于非常不利的地位，如果再施加较重刑罚，将出现利益严重失衡的问题。所以，严格责任一般限于在刑罚较轻的罪名中适用。[②]可以说，“在其他情形相同的情况下，刑罚越重就越表明有过错要求；反之，刑罚越轻就越表明立法者打算施加严格责任”。[③]有学者指出：“由于严格责任过于严厉，因此为求‘平衡’，在刑罚的选用上倾向于选择处罚较轻的罚金

① 李文燕、邓子滨：《论我国刑法中的严格责任》，载《中国法学》1999年第5期。

② 参见逄晓枫、刘晓莉：《我国食品安全犯罪中严格责任制度的立法考量》，载《理论月刊》2015年第3期。

③ 刘仁文：《刑法中的严格责任研究》，载《比较法研究》2001年第1期。

和刑期较短的监禁。”①英美法系国家的司法实践也印证了上述结论。我国严格责任主要是在民事诉讼中采用，类似情况在英美法系国家一般都属于刑事轻罪或者保安处分调整的范畴。我国持有型犯罪的刑罚横跨数个刑种，从有期徒刑、拘役、管制到罚金都有，且有期徒刑的幅度也较大，涵盖三年以下到十年以上，如果将严格责任引入持有型犯罪司法裁判，将会产生正当性疑问与不利于人权保障的担心。

最后，将主观罪过从持有型犯罪构成要件中予以剔除，意味着刑法主客观相一致的基本立场发生重大转变。责任主义历经人类社会文明的漫长发展与法律文化的演变才得以确立，被认为是当下最为科学和合理的归责原则。它要求存在主观罪过的情况下才能认定构成犯罪，无论是故意或者过失。我国刑法也将主客观相一致作为基本原则之一。而持有型犯罪作为一种全新的犯罪类型，以持有的现实状态入罪为鲜明特征，承担着弥补法律漏洞、完善刑事法网等特殊使命。它的产生，使得原有的诉讼体系出现冲突与失衡。比如，证明责任的分配冲突、个人抗辩与社会公益保护的冲突等。这些都需要采取恰当措施予以解决。此处的问题就在于，引入严格责任能否实现这种冲突的妥善解决。

笔者认为，引入严格责任并非解决持有型犯罪相关问题的良策。我国刑法沿袭大陆法系传统，建立起相对完备与规范的刑法体系与诉讼模式。在纠问式、职权主义影响下，并未在实质上建立刑事诉讼控辩双方诉讼地位的对等性，控诉机关依然享有绝对优势地位。在这样的背景下，启用严格责任原则不但会动摇现行刑法体系根基，还会更加强化控诉机关的优势与被告人的弱势。这样的代价是当前我们所无法承受的。为了解决持有型犯罪主观构成要件的认定难题，而将刑法推向责任主义的反面，无异于舍本逐末，是断然行不通的。所以，在持有型犯罪中引入严格责任的主张不能成立。对持有型犯罪构成要件的研究，仍需坚持主客观一致立场，在既有的刑法理论框架之内寻求解决之道，持有型犯罪仍以存在主观罪过为必备要件。

① 白雁：《对刑法中严格责任的理性思辨》，载《郑州大学学报(哲学社会科学版)》2003 年第 6 期。

二、持有型犯罪的罪过形式

（一）持有型犯罪仅限于故意犯罪

犯罪主观要件，也称罪过，即行为人对其行为危害社会的心理态度。①犯罪主观要件是犯罪构成的必备要件。故意与过失是我国刑法中的两种基本罪过形式。犯罪故意包括直接故意与间接故意，犯罪过失则可分为疏忽大意的过失与过于自信的过失两种类型。对危害结果的发生是否持排斥态度，是犯罪过失与犯罪故意最根本的区别。

持有型犯罪的危害结果，在规范层面上以引起对国家特定物品的管理秩序的侵害为表现形式，在事实层面上表现为对特定物品的控制、支配状态。对于故意成为持有型犯罪的罪过形式不存在争议，而过失能否构成持有型犯罪，值得讨论。

当前世界各国刑法普遍认可以处罚故意犯罪为原则，以处罚过失犯罪为例外。过失犯罪所表现出来的主观恶性明显小于故意犯罪，对社会的危害程度相对较小。在将过失行为认定为犯罪时，一般都持谨慎、谦抑立场。根据我国刑法关于过失犯罪的规定，只有在刑法有明文规定的场合，才能成立过失犯罪。而危害结果的存在是成立我国刑法分则规定的过失犯罪的前提，没有危害结果，就不存在过失犯罪。这种危害后果，一般是指实害的、物质性危害后果。而持有型犯罪的客体主要是国家对特定物品的管理秩序，那么持有型犯罪的危害结果就是对国家对特定物品管理制度的侵害，这种侵害通常以一种抽象的、难以具体量化的非物质性状态存在。由此可以得出这样一个结论：持有型犯罪无法对刑法保护的法益造成实害（或物质性侵害）。

持有可以上游犯罪的结果状态或者下游犯罪的预备形式存在。可能会有不同意见认为，与持有型犯罪相关联的上游犯罪或者下游犯罪则可能对社会造成实害性、物质性危害后果。这里要注意，如前文所述，持有型犯罪的一个重要机能就是严密法网、堵塞法律漏洞，只有在无法查证持有是

① 刘宪权：《刑法学名师讲演录（总论）》，上海人民出版社2016年版，第187页。

上游犯罪的结果或者下游犯罪的预备之时,才能以持有型犯罪追究刑事责任。行为人将持有作为实施后续犯罪的预备环节,那就有可能出现危害社会的实害状态。比如,将原本以自己吸食为目的而持有的毒品拿去贩卖,必然会破坏社会管理秩序(公众健康)。但要注意,此时产生的危害结果并非持有行为所造成的危害后果,持有作为后续犯罪的预备已经被后续犯罪的构成要件所囊括,不再具有刑法独立评价的必要和价值。同理,当持有的事实是某种先行行为的结果,但这种先行行为无法得到证据证实时,则以持有型犯罪这一补充性罪名予以认定,此时自然无法将先行行为造成的法益侵害归因到持有的事实上。

我国刑法规定的贪污贿赂犯罪的法定最高刑为死刑,而巨额财产来源不明罪法定最高刑为十年有期徒刑。就法定刑的规定来看,立法者认为两者在社会危害性上的差别还是很大的,故而设定了轻重不一的法定刑区间。实际上,大部分持有型犯罪与其关联犯罪之间在法定刑的设定上均存在相应的落差。这种法定刑落差产生的背后,是持有型犯罪特殊定位的体现。立法者将行为人从犯罪起意、准备条件、着手实施,到齐备构成要件的整个过程作为对象,将行为人形成持有之后、终结持有之前的阶段截取出来,设定为独立的持有型犯罪。形成持有的先行行为,与终结持有之后的后续行为,不在持有型犯罪的评价范畴之中。在这个截取出来的从形成持有到持有终结的过程中,持有特定物品的行为实质上处于行为与状态的同时延续之中。这种特性决定了行为人对持有行为的明知就意味着对结果的明知。行为人获得并维持持有就表明了其对结果的态度,故而不存在成立过失犯罪的可能性。而单纯的持有并不能对刑法法益形成实体性损害,持有型犯罪成立过失犯罪所应具备的主观心态与客观结果要件根本不存在,所以,持有型犯罪不存在过失犯罪。

换个角度来看,持有型犯罪毕竟是对人权的剥夺和限制,谦抑性应当是其基本立场。纵观各国刑法关于持有型犯罪的规定,一般都认为本罪社会危害相对不大、情节也较为轻微,设定的法定刑也相对较轻,立法惩治故意犯罪形态已经足以实现法益保护的刑法规制目的,没有必要增加对过失持有的刑事惩罚。

（二）持有型犯罪故意的种类

犯罪故意分为直接故意与间接故意。持有型犯罪的直接故意，就是行为人认识到自己持有特定物品的行为会侵害国家对该特定物品的管理秩序或相关法益，却仍旧积极追求这种侵害结果的发生的主观心态；持有型犯罪的间接故意就是指行为人认识到自己持有特定物品的行为可能产生侵害国家对特定物品的管理秩序或其他法益的结果，但放任这种侵害法益结果的发生的主观心态。

持有型犯罪的直接故意与间接故意的最大区别就在于对危害结果发生的主观心态不同。囿于持有型犯罪的独特犯罪构造，该罪间接故意情形相对较少。一般而言，主要有两种情形：一是为了实施其他犯罪而放任持有导致的危害结果发生。比如，为了贩卖毒品而持有毒品，在未贩卖之前，对行为人的持有的主观心态的刑法评价，只能是间接故意。当然，这一结论的前提是无法证实其意欲实施其他犯罪，否则就要以其他犯罪的预备或未遂形态论处。二是放任持有危害结果的发生。比如，为了收藏而搜集并持有枪支，此种情况也属于间接故意的情形。这种局面的出现，与持有型犯罪的独特行为构造和立法逻辑有着紧密的联系。持有经常以其他犯罪的预备或结果的形式出现，且可以在形式上脱离上游行为或后续行为而在一定时段内独立存在。在这种持有状态形成的原因力或结果去向无法查清时，遂将其从持有的先行行为或后续的实行行为所构成的全过程中截取出来，设置独立罪名进行评价，持有型犯罪这一犯罪类型得以产生。

在巨额财产来源不明罪主观故意的判断问题上存在不同观点。多数意见认为本罪只能由直接故意构成。他们认为，本罪主体作为国家工作人员，特定的职务使其负有说明其财产来源的义务，也具有说明财产来源的能力或条件，但为了逃避责任追究，故意掩饰、隐瞒所持巨额财产的真实情况，拒不说明财产来源，直接侵害公职人员职务的廉洁性；①或是行为人明知财产不合法而故意占有和支配。②也有学者认为对财产所有权侵害的直

---

① 参见"当前惩治经济违法违纪犯罪丛书"编委会编：《当前贪污贿赂、拒不说明巨额财产来源违法违纪犯罪的政策法律界限与认定处理》，中国方正出版社1995年版，第615页。

② 杨春洗、杨敦先主编：《中国刑法论》，北京大学出版社1998年版，第641页。

接故意与对国家机关正常活动侵害的间接故意均可构成本罪。[①]笔者认为,本罪主观故意应当限定为直接故意。本罪侵害的法益是国家工作人员职务的廉洁性。所持巨额财产被推定为不法取得,且对财产的不法取得与行为人的身份主体有密切关联,意即通过对国家工作人员职务行为的廉洁性的侵犯,来实现对明显超出合理水平的财产的持有。二者之间的交易性反映了双方同质性联系的存在,这说明持有来源不明的巨额财产必然会侵犯国家工作人员职务的廉洁性,持有巨额财产而放任侵害职务廉洁性的观点不攻自破。所以,本罪只能由直接故意构成。认定成立巨额财产来源不明罪时,在认识层面上,公职人员要明知自己持有的财产或支出明显超过合法收入水平且该财产不是合法取得。在意志层面上,则要求行为人希望继续持有这些巨额财产。如此解读,符合巨额财产来源不明罪的立法逻辑与刑法法理,与持有型犯罪之客体——国家对特定人员或特定物品的管理制度也是完全契合的。

(三)持有型犯罪故意的内容

持有型犯罪故意中对犯罪结果的追求心态与放任心态的区别在于,一个是通过积极的持有行为实现侵害刑法法益的犯罪目的,另一个虽然不积极追求犯罪目的的实现,但不排斥犯罪结果的发生。

从某个方面来说,刑罚本身就是一种恶,其唯一的正当性在于惩罚恶以及预防更大的恶,所以预防和制止危害发生是刑法的目的之一。我国有未雨绸缪、防患于未然的谚语,强调预先准备的重要性。事实上,在犯罪治理问题上,在危害实际发生之前采取措施进行干预明显更为直接、更为有效,能够在最大程度上将犯罪消灭在萌芽状态。但是,预防毕竟发生在犯罪尚未发生的阶段,相关的行为也不一定必然导致犯罪危害的发生。持有与通常的像未遂那样的未完成型犯罪相比,它距离实际施加危害还要更远一步。[②]所以,对这种预先干预措施应当设置相应的限度。持有型犯罪的惩罚对象是持有人持有特定物的行为,而持有本身无所谓善恶,所以其立

① 参见韩建国、韦亚力:《试论非法所得罪》,载《中国法学》1989年第4期。

② 参见劳东燕:《危险与犯意之间:从权利保障到风险控制》,载北京大学法学院刑事法学科群编:《刑法体系与刑事政策——储槐植教授八十华诞贺岁集》,北京大学出版社2013年版,第213页。

足点应当是以预防恶为主,即防止危害发生。如此,依据损害原则对其进行限制就成为必要。

引起社会损害结果发生或风险产生的行为的不法性,是对该行为犯罪化的前提和基础。道德不法性是这种行为不法的首要体现,也即相关行为应当受到道德谴责。此外,这种损害结果或风险的发生可以归责到行为人身上。行为导致结果的发生,且结果发生的责任可以归咎于行为人,才会产生刑事责任。[①]这种归责要求行为人对其行为引发的后果具有主观罪过,如此才能对其施以刑法上的责任归结。范伯格曾提出这样的观点:刑法上的行为不仅要求在客观上具备危害社会的能力,主观上还要存在"过错",比如出于故意或者过失心态。反过来,这样的解释将无法避免行为损害后果的情况排除在刑罚处罚范畴之外,为保护人的权利和自由提供保障。[②]根据范伯格的理论,持有型犯罪的成立,不仅要求行为人对持有对象的明知,还要求存在主观上的罪过。对持有对象的明知,对持有行为导致危险发生的预见,以及对这种危险发生的追求或放任的主观心理态度,共同构成了持有型犯罪故意的内容。

三、持有型犯罪的主观明知

(一) 持有型犯罪"明知不要说"的否定

对于持有型犯罪明知要件要素的认识,存在"明知不要说"的观点。此观点认为,明知并非持有型犯罪的必备要素。当前我国刑法中,除在持有假币罪,非法持有宣扬恐怖主义、极端主义物品罪,妨害信用卡管理罪,持有伪造的发票罪等罪名中存在"明知"的字眼外,其他的持有型犯罪刑法条文中未有明知要素的明确规定。他们据此认为,持有伪造的发票罪等罪名因其犯罪对象真假难以辨别的问题,才要求行为人对持有对象具有认识。其他持有对象不存在这样的特殊情况,比如枪支弹药、毒品等均有较易识

① 参见[美]道格拉斯·胡萨克:《过罪化及刑法的限制》,姜敏译,中国法制出版社2015年版,第272页。

② 参见[美]安德鲁·冯·赫尔希:《法益概念与"损害原则"》,樊文译,载陈兴良主编:《刑事法评论(第24卷)》,北京大学出版社2009年版,第191页。

别的特征，故而无需要求“明知”，行为人持有此类物品即认为其对物品的持有系“明知”。从某种程度上看，这种观点与严格责任原则的精神有相似之处。相应地，这种观点主张不能用故意或过失犯罪理论来评价大多数持有型犯罪的构成要件，①对持有型犯罪刑法条文中存在明知规定的情况，是否存在“明知”要素直接关系到罪与非罪，而对刑法条文未规定“明知”的持有型犯罪，则按照严格责任原则，不论主观罪过，只要实施了特定行为即可构成相应犯罪。

还有观点尝试以立法目的为依据来论证明知并非持有型犯罪的必备要素。《中华人民共和国刑法释义》一书在论及非法持有毒品罪时提到：对于被查获的非法持有毒品者，首先应当尽力调查犯罪事实，如果经查证是以走私、贩卖毒品为目的而非法持有毒品的，应当以走私、贩卖毒品罪定罪量刑。只有在确实难以查实犯罪分子走私、贩卖毒品证据的情况下，才能适用本条规定对犯罪分子进行处罚。②有人根据该解释，认为持有型犯罪所规制的行为可能是更为严重的关联犯罪的预备或者结果状态，囿于客观所限无法证实存在关联犯罪和施加惩戒措施的现实，退而求其次、折中地将可能是上游犯罪或后续犯罪中间环节的一部分截取出来，设定持有型犯罪来堵截危害更大、罪行更严重的其他关联犯罪。所以，才会出现仅在少数持有型罪名中明文规定明知的情况。从这个意义出发，之所以未在部分持有型犯罪中规定明知的内容，就是为了确保持有型犯罪堵截关联犯罪功能得到彻底发挥。③

笔者认为持有型犯罪“明知不要说”不能成立。虽然犯罪构成四要件是构成犯罪的基本内容，但这并不意味着所有犯罪的主观要件都要通过刑法明文予以规定，没有规定不代表就不存在主观故意的要求。刑法立法中，是否在条文中明文规定主观方面的内容，有着一定的立法逻辑与相应的考量。犯罪主观方面对于区分同一行为特征但罪名不同的情况具有重

① 苗有水：《持有型犯罪与严格责任》，载《法律适用》1998年第5期。

② 全国人大常委会法制工作委员会编：《中华人民共和国刑法释义》，法律出版社2009年版，第541页。

③ 参见冯亚东：《试论刑法中的持有型犯罪》，载《中国刑事法杂志》2000年第1期。

要作用,此时就不能省略主观方面的规定。比如,故意杀人罪与过失致人死亡罪,二者在行为特征上存在相似之处,但二者的社会危害性却差别很大,不考虑主观方面则无法对二者进行准确区分。有些情况下,主观方面的内容则可以省略。从刑法条文的语言精练和经济性特征出发,对于已经形成共识的犯罪的主观罪过方面的表现,并非必须在刑法中予以明文规定。我国《刑法》第 133 条之一就未对成立危险驾驶罪的主观内容进行规定,但主观罪过是构成危险驾驶罪必备要件并无异议。因此,立法未规定犯罪主观方面不代表论证犯罪构成时可以不考虑主观方面的因素。持有型犯罪"明知不要说"的观点不能成立。

事实上,明知要素是所有持有型犯罪所必不可少的。我国关于犯罪构成的通说认为主观方面是成立犯罪的必备要件,行为人对其行为与结果的明知是重要的刑事可罚性依据之一。虽然刑法并未在所有的持有型犯罪中明文规定明知,但这并不意味着未规定明知的罪名中可以省略主观明知内容。刑法之所以在持有伪造的发票罪中规定明知,主要是因为伪造的发票不易被识别,因此需要在立法中予以重点强调,也就是说刑法"持有伪造的发票罪"中的明知要素的规定,带有注意性、提示性的意思。至于其他的持有对象,按照一般生活经验认知就能进行相对准确的认定,所以并无在每个持有型犯罪刑法条文中明文规定明知的必要,"明知"仍是成立持有型犯罪的必要条件。[①]

也有学者从一般性与特殊性辩证关系原理的角度来论证持有型犯罪"明知"要素的普遍性存在,笔者认为也有一定道理。刑法根据行为手段或行为对象将某些性质相同的具体犯罪划分为不同的犯罪,如果关于特定主观要素的规定只存在于部分罪名中,那么其他的犯罪也应当具备该特定主观要素;如果特定主观要素的规定只存在于一般条款中,即便特殊条款中没有明文规定该主观要素,特殊条款中也应当具备该特定主观要素。[②]结合刑法关于持有型犯罪的具体规定,如果将持有假币罪等罪名中规定的明

① 梁根林:《责任主义刑法视野中的持有型犯罪》,载《法学评论》2003 年第 4 期。

② 参见张明楷:《论盗窃财产性利益》,载《中外法学》2016 年第 6 期。

知理解为一般条款中的特定主观要素，其他没有规定明知的持有型犯罪则属于未规定特定主观要素的特殊条款。根据哲学一般性与特殊性、共性与个性辩证关系原理，一般条款的效力应当及于特殊条款，一般条款中的明知规定对于特殊条款同样适用，“明知”应是不同类型持有型犯罪所共同具备的必备要素。①

（二）持有型犯罪主观明知的内容

我国刑法中的明知有两种，一种是我国《刑法》第 14 条规定的故意犯罪概念中的明知，通常被称为刑法总则故意犯罪概念中的“明知”。②此处明知的内容是指对行为的社会危害性的明知，既包括确知可能会发生危害社会的结果，也包括确知必然会发生危害社会的结果，而且此处的明知意指确知，不能采用推定的方式予以认定。另一种是刑法分则具体罪名中的明知。在存在犯罪对象的罪名中，通常是指对对象的明知，也可以理解为“知道或者应当知道”，允许采用法律推定的方式进行认定。据此可以发现，同样是“明知”的文字表述，在刑法总则与刑法分则中的内容并不相同。二者的关系方面，刑法总则故意犯罪概念中的明知直接关系犯罪定义，对犯罪理论具有总领作用，效力及于刑法分则具体罪名中的明知；而具体罪名中的明知则是对故意犯罪概念明知的细化和具体化，是个罪对故意犯罪概念中明知的贯彻和体现。

1. 明知之“违法性认识”思考

我国刑法总则故意犯罪概念中的明知，主要是指行为人主观上对其行为发生危害社会的结果的明知，也即对社会危害性的明知。违法性认识说则主张以违法性认识取代社会危害性认识作为明知的主要内容。他们认为，当行为人对其行为的违法性不具有认识可能性且不具有认识可能性的责任不能归咎于自身时，比如，因法律变迁或地处偏远等原因而不具备知晓行为法律性质的可能性，就不能认定其构成刑法中的明知，不能认定为犯罪。自 20 世纪 80 年代以来，我国刑法学界与实务界的通说认为，成立

① 魏在军：《论持有型犯罪故意的认识因素及认定》，载《江苏警官学院学报》2010 年第 4 期。
② 刘宪权：《性侵幼女构成强奸仍应以“明知”为前提》，载《青少年犯罪问题》2014 年第 1 期。

犯罪不需要行为人具备违法性认识，也就是说“不知法不免责”。[①]近年来随着社会的飞速发展，主张在犯罪中增加违法性认识内容的声音日益高涨。他们以“一种国家权威主义的立场”[②]对否定违法性认识的观点进行批判，认为从责任主义立场对不知法者发动刑罚缺乏正当性。[③]德国刑法也认为，只有能够认识到自身行为是被法律所禁止的人，才是有责的行为主体。[④]违法性认识否定说与违法性认识说之间的争论日趋激烈，观点针锋相对。笔者认为，对于明知的内容是否应包含违法性认识，应当综合考察违法性认识的产生发展、当下社会现实条件、具体罪名的客观需要等因素来进行综合评判。

(1) 违法性认识说产生的社会基础及其争论

围绕违法性认识的观点争论，是我国社会发展与历史变迁背景下社会意识形态发展的必然结果。在1979年《刑法》颁布后，违法性认识否定说主张在当前刑事立法现状与社会现实背景下，只需要具有社会危害性的认识即可，对违法性认识则不作要求。这种主张与当时以自然犯为主体的罪名体系和社会现实相适应，在一定程度上也满足司法实践的需要。违法性认识否定说的背后，是承认违背法律的同时亦违背道德，此时的刑罚带有浓厚的道德批判色彩。违法性认识否定说在当时的历史条件下，回避了违法性认识在证明上的难题，防止不知法成为逃避刑罚的借口，具有一定的社会意义和现实意义。

实际上，违法性认识的出现与发展，同法律与道德关系的发展变化密切相关。自然犯时代，犯罪的成立具有法律违反与应受道德谴责双重特征，是社会规范在法律规范领域的映射，具有全面性、稳定性特征。当法律与道德的关系被打破，社会进入法定犯时代，法定犯情形下行为的社会危害性因道德评价因素的缺位而无法实现对犯罪者主观方面不道德性的直

① 杨春洗、杨敦先主编：《中国刑法论》，北京大学出版社1998年版，第94页；高铭暄主编：《刑法学原理(第二卷)》，中国人民大学出版社1993年版，第132页。

② 周光权：《违法性认识不是故意的要素》，载《中国法学》2006年第1期。

③ 参见陈兴良：《违法性认识研究》，载《中国法学》2005年第4期。

④ [德]汉斯·海因里希·耶赛克、[德]托马斯·魏根特：《德国刑法教科书(上)》，徐久生译，中国法制出版社2017年版，第602页。

接映射，在动用刑罚惩戒法定犯被告人时面临正当性与可罚性的质疑。而在法律与道德关联关系脱离的背景下，法定犯领域中违法性认识的证明问题变得异常复杂，成为摆在司法机关面前的一道几乎“不可能完成的任务”，[①]遭到刻意回避甚至否定。时至今日，“违法性认识不是我国司法机关认定犯罪所必须考虑的因素。在司法实践中，只要行为人的行为产生危害社会的结果，排除违法阻却事由的影响，无论行为人是否对其行为具有违法性认识，法院一般都会追究行为人的刑事责任”。[②]

随着社会的迅速发展，我国社会也正经历自然犯向法定犯时代的转变。在这个过程中，尤其是在1997年《刑法》之后，仅凭一般生活经验难以识别的法定犯罪数量不断增加，且刑法修订的频率越来越快，法律秩序的边界稳定也日益遭受冲击，不能及时正确认识刑法的人群数量急剧增长。这一局面引起了部分学者的担忧，如果再一味坚持违法性认识不要说，将产生与责任主义立场的激烈碰撞和冲突。“当这一冲突大面积存在时，甚至会严重危及到整个法律秩序的正当性基础。”[③]从天津赵某某非法持有枪支案，深圳王某非法出售珍贵、濒危野生动物案等引发社会舆论高度关注的案件中不难发现，被告人“不认为自己是犯罪”或“未认识到自己是犯罪”的辩解得到广泛同情。这种局面的背后，是公众对涉案相关行为违法性认识存在错误甚至无知的共鸣，而法院不顾“不知法不为罪”的辩解而径行作出有罪判决，触发与公众的朴素正义观的激烈对抗与冲突，由此引发对司法公正的强烈质疑和抵触。[④]与此同时，也有学者认为，主张违法性认识有超前之虞。虽然我国的快速发展背景下，刑事立法发生了巨大变化，国民素质也有了很大提升，但违法性认识说还是过于激进，当前社会并不存在支持刑事违法性认识立场的现实基础。

---

① 陈烨：《法定犯违法性认识必要说：我国现行刑事立法框架下如何坚守》，载《政治与法律》2017年第7期。

② 程凡卿：《行政刑法立法研究》，法律出版社2014年版，第98页。转引自唐千圃、高圣平：《法定犯的责任要件与刑罚配置：“掏鸟窝案”引发的思考》，载《社会科学研究》2016年第3期。

③④ 车浩：《非法持有枪支罪的构成要件》，载《华东政法大学学报》2017年第6期。

(2) 违法性认识肯定说的提倡

违法性认识否定说的实质在于,坚持成立犯罪的主观方面不需要存在对行为违法性的认识。而违法性认识肯定说则主张以违法性取代社会危害性作为行为人明知的考察因素。在违法性认识中的法的判断方面,也存在两种观点:一种观点认为违法性认识是指行为人明知自己的行为违反刑法规范或不被刑法所容许。“在违法性认识范围内,还是应当采取刑事违法性认识说。刑事违法性是犯罪的基本特征,在罪刑法定的构造中具有明确的界限,应当成为违法性认识的内容。”①“由于违法性认识是以构成要件事实的认识为前提的,因此,违法性认识总是具体的,而不是抽象的。”②他们认为,刑事违法性认识中的法,是具体刑法规范,而非抽象的法的概念。另一种观点认为,违法性认识中的法是指一般性的法律规范,比如刑法、民法、行政法等。该说以刘明祥教授为代表,“把违法性认识解释为是违反法律规范或法律秩序的意识较为合适”。③

违法性认识否定说的主要理由在于,我国社会正处在快速发展与激烈变革中,刑事立法的积极立场日趋明显,法律修订频繁且数量骤增,而我国人口众多,国民文化素质参差不齐,法律意识不强,要求认识到行为具有刑事违法性时才能成立故意犯罪,势必与社会现实严重脱节,可能会导致刑法被架空而放纵犯罪的不利后果。另外,从司法实务角度考虑,对行为人是否具有刑事违法性认识的判断,远比社会危害性认识有无的判断困难得多。在行为人拒绝承认存在刑事违法性认识且无法证实其具有相应认识的情形中,即便行为人所实施行为的社会危害性再重、情节再恶劣,也将因刑事违法性认识的规定而只能放弃刑事责任追究。如此处理明显违背常理,势必会造成恶劣的社会影响。

违法性认识否定说在刑法理论界仍占有重要地位。但笔者认为,社会基础决定社会意识,在生产力高速发展的当下,刑事立法已经由传统的自然犯为主体进入法定犯时代,刑法规制行为机能作用发挥的空间和方式已

① 陈兴良:《本体刑法学》,商务印书馆2001年版,第349页。
② 陈忠林主编:《违法性认识》,北京大学出版社2006年版,第38页。
③ 刘明祥:《刑法中错误论》,中国检察出版社2004年版,第244页。

经发生巨大变化，相应的刑法理论也要与时俱进。违法性认识否定说的理由看似有一定道理，实际上并未准确把握违法性认识的内涵与法定犯时代到来的意义与影响。自然犯时代，因其法律与道德密切相关的关系结构，对于行为的社会危害性，根据常理即可判断，这个时期的自然犯其行为的危害性与违法性往往合二为一、相互依附。进入法定犯时代，行为的社会危害性不再具有浓重的道德属性，反而其抽象化、概念化特征越加明显，人们对于行为的刑法性质并不能轻易地产生认知。按照刑法主客观相统一原则，当行为人意识到其正在实施某一行为，但对该行为的刑法性质并无认识的可能时，其与故意犯罪"明知故犯"的特点并不相符。"无知者无罪"，当行为人对其行为不具有违法性认识时，当然不具有主观恶性，也就不存在对其施以刑罚非难的基础。

在违法性认识中的法的判断方面，也存在刑事法律规范观点①与包括刑法、民法、行政法在内的法律规范观点②的对立。笔者认同刑事违法性认识说。首先，刑事违法性是犯罪的必备特征。而犯罪故意是犯罪概念映射到人的主观方面所形成的，那么，犯罪故意自然包含刑事违法性的认识；其次，刑事违法性认识有助于区分犯罪故意与民事、行政违法故意。无论刑法、民法还是行政法均存在故意的规定，故意就是行为人的行为在行为人的心理上的反映，将违法性认识限定为刑事违法并作为犯罪故意的内容，实现了其和民事违法与行政违法故意在形式上的分野。而且，将违法性认识限定为刑事违法还体现了保障公民权利与自由、限制国家公权力尤其是刑事追诉权的积极价值取向。③

2."违法性认识明知论"对持有型犯罪明知的影响

"违法性认识明知论"对刑法分则具体罪名中的明知认定具有重大影响。社会危害性认识论的明知下，具体罪名中的明知的内容主要是对行为与对象的明知。此意义上的犯罪论的法律思维逻辑在于，明知自己的行为会产生危害社会的结果却依然决定实施，从而达成犯罪故意中认识因素与

① 参见陈兴良：《本体刑法学》，商务印书馆 2001 年版，第 349 页。
② 参见刘明祥：《刑法中错误论》，中国检察出版社 2004 年版，第 244 页。
③ 陈忠林主编：《违法性认识》，北京大学出版社 2006 年版，第 39 页。

意志因素条件，产生犯罪评价与刑法惩罚的基础和必要。在违法性认识明知论的语境下，具体罪名中的明知不仅需要对行为与对象存在明知，还应当对行为与对象的法律评价存在明知。质言之，违法性认识论下的具体罪名的明知，除了对行为与对象具有主观认知，还应当能够意识到该行为可能会或必然会触犯刑法从而引发刑罚惩罚。违法性认识明知论下的具体罪名的明知，较之社会危害性认识明知论下的具体罪名的明知，增加了对行为人对其行为法律性质认识的考察，相当于在传统犯罪构成理论中，增加了对行为人行为非法性认识的考察条件。笔者认为，在我国进入法定犯时代，司法裁判罔顾被告人不知违法而定罪与民众朴素正义观激烈冲突日益频发的背景下，这种转变的积极意义更加凸显。犯罪一定是具有社会危害性的行为，而具有社会危害性的行为不一定都是犯罪。在故意犯罪明知内容中增加违法性认识的内容，将虽具有一定社会危害性但不具有违法性认识的行为从犯罪圈中剔除，对犯罪成立的空间进行适当限定，能更好地起到保障人权的作用，且不致影响社会稳定。

(1) 持有型犯罪事实层面的明知

行为与结果及其之间的因果关系是成立犯罪的核心要素，也是明知的对象和内容。具体到持有型犯罪，持有行为与状态结果作为本罪的客观基础，当然是本罪明知的基本内容。持有型犯罪中的明知，就是行为人对自己实施的关于持有的危害行为存在认识。持有型犯罪的危害行为包括行为、对象等。对持有行为的明知，是指行为人知道或应当知道自己对特定物品具有控制、支配关系。如果行为人并未认识到其对某特定物品存在支配与控制的状态，那么其并未形成刑法上的对该特定物的持有，也就不存在持有型犯罪客观方面所要求的行为，自然也就不存在构成犯罪的可能。对持有对象的明知，主要是指行为人对其持有的物品自然属性具有认知，比如明知自己所持物品为假币等。对持有对象的明知不一定是确定无疑的，怀疑心理也可以认定为明知，比如怀疑是毒品仍然持有；对持有对象存在认识错误的情况下，比如将白糖误认为是毒品而持有，则可能会构成持有型犯罪的未遂形态。基于持有行为的自身属性，其原本无所谓社会危害性，只有与特定对象结合，才会产生侵害法益的结果或危险。所以，持有型犯罪的明知主要包括两个方面，一是对犯罪对象的明知，二是对犯罪对象具有支配、控制状态的明知。对后者的判断，即考察行为人是否对其支配、控制特定物品的状态具有认知，相对较为容易。故而，在该罪的事实层面的明知认定问题上，对犯罪对象的明知是需要重点讨论的问题。

因为持有在一般生活场景中高频出现，其只有与特定对象结合才能成立刑法视野中的规范"持有"，而持有的行为与状态结果作为成立持有型犯罪的基本要素，对明知的认定就不能脱离对特定对象的认识。首先，对物品的自然属性应当明知。持有对象是成立持有型犯罪的必备条件，刑法中持有对象的范围也是根据物品的自然属性确定。如果行为人对其持有对象的自然属性并不明知，比如并不知道包里的现金是假币，那么，"行为＋对象"所构成的持有型犯罪的范式表达就失去了存在的客观基础，也就不能产生持有型犯罪所要求的状态结果，"明知"的认定也就无从谈起，持有型犯罪也就成为"空中楼阁"。对物品性质认识错误，使得明知要素欠缺，得以阻却犯罪成立。

其次，按照定罪是否存在对物品数量的规定，可以分为数额犯与非数额犯。对持有型犯罪中的数额犯是否要求行为人对物品的数量存在明知存在不同意见。有意见认为，作为入罪条件的特定物品数量属于犯罪构成的要素，基于对犯罪的明知就是对构成要件的明知，应当要求行为人对数量存在明知。①相反观点主张，物品数量属于客观要素，行为人是否明知不影响犯罪认定，但主观认识的物品数量小于实际数量的情形除外。②笔者认为，持有型犯罪中以数额作为入罪条件的罪名中，应当要求行为人对物品数量存在明知。对犯罪的明知，就是对犯罪构成要件的明知，在此类罪名中，数量的要求作为犯罪构成的基本要素存在，缺之不可。那么，对犯罪构成的明知也就意味着对犯罪构成的基本要素也要存在明知。

最后，至于特定物品的性能能否实现其特定的工具作用，并非犯罪成立的关键因素，仅仅在犯罪的既遂与未遂形态的判断上有所差异。因此，

---

① 参见刘宪权：《性侵幼女构成强奸仍应以"明知"为前提》，载《青少年犯罪问题》2014 年第 1 期。
② 参见赵秉志、肖中华：《如何认定故意犯罪的"明知"》，载《人民法院报》2003 年 5 月 3 日第 3 版。

无需要求行为人对物品性能“明知”。比如，在轰动一时的天津赵某某非法持有枪支一案中，赵某某及其辩护人均提出，赵某某始终认为其持有的是玩具枪，并非刑法中的真枪，其对行为对象存在认识错误，不具备非法持有枪支犯罪的主观故意。天津市第一中级人民法院刑事判决认为，涉案枪支外形与制式枪支高度相似，以压缩气体为动力、能正常发射、具有一定致伤力和危险性，且不能通过正常途径购买获得，赵某某对此明知，其在此情况下擅自持有，即具备犯罪故意。至于枪形物致伤力的具体程度，不影响主观故意的成立。①

(2) 持有型犯罪法律性质层面的明知

与个罪事实层面的明知不同，个罪法律性质层面的明知意在考察行为人对其行为的非法性是否存在认识的可能性。比如，盗窃罪中，事实层面的明知就是指行为人明知该财物系他人所有，而法律性质层面的明知则是指其明知基于非法占有目的采取秘密手段实现对财物转移占有的行为为刑法所禁止。而持有型犯罪具有不同于普通犯罪的特性，持有行为本身无所谓合法与非法，只有与特定对象结合之后才产生法律评价的可能。如果该特定物属于国家法律法规明确规定的持有型犯罪对象，那么对其进行持有的行为自然就成为非法行为。所以，法律性质层面的明知就是指行为人对持有该特定物为法律所禁止的情况是否存在认识的可能性。对于特定对象法律性质的判断，直接影响持有行为的合法性判断。从这个意义上说，对持有型犯罪行为法律性质的明知，与对持有型犯罪对象法律性质的明知具有密切关系。

在违法性认识可能性的判断问题上，应当遵循这样的思路：首先要判断行为人能否认识到其行为具有违法性，如果具有认识的可能性，则可直接认定。如果存在认识错误(将违法的行为错误理解为合法行为)或根本不存在认识的可能性，就需要核实产生认识错误的原因以及不存在认识可能性的情形是否可以避免，是否可以归咎于行为人。如果错误认识不能避免，则不能认定其主观明知上符合行为违法性的认识判断。如果违法性认

① 参见天津市第一中级人民法院(2017)津01刑终41号刑事判决书。

识错误的出现可以避免,那么依然可以归责于行为人。因为每个公民都有守法的义务,推定已经颁布的法律均被公众所知晓,也即知晓法律是原则,不知晓法律是例外。由于自身原因导致的违法性认识错误,则相应的责任依然应由行为人承担。如此,可以避免行为人肆意借口不知法而逃脱刑罚制裁。

上述判断思路的关键点有两处,一是判断是否存在违法性认识的可能性;二是如果不具备这种认识的可能性,造成这种局面的责任能否归咎于行为人。

第一,对个罪中是否存在行为违法性认识可能性的判断。由此可以得出,对个罪中行为违法性认识的判断采用“可能知道”标准。笔者认为,确立这样的标准具有相应的法理和事实基础。

首先,确立持有型犯罪行为违法性认识“可能知道”标准,可以在保持合理刑法规制范围和力度与限缩犯罪圈之间保持适度平衡。设置持有型犯罪本意就是对某些法益进行特殊保护,保障刑法对此类法益保护的范围和力度是应有之义。比如非法持有枪支罪的立法,本身就是因为枪支的危险属性,极易对社会公共安全与人身健康造成极大威胁,从而需要对其予以严厉规制。当实现法益特殊保护面临特殊情况、有放纵犯罪之虞时,需要对其降低证明标准和证明责任。天津赵某某非法持有枪支案判决饱受争议,多数观点认为其不具有对其持有的玩具枪为刑法枪支的主观认识,属事实认识错误。在笔者看来,确实无法实现对赵某某主观明知百分之百的证明,但拘泥于明知的高程度证明难题,就会使得法益保护无处发力,也使得持有型犯罪的立法目的落空,成为违法犯罪分子逃避刑罚处罚的借口。事实上,虽然没有充分证据证实赵某某对涉案枪支法律属性存在明知,但其对涉案玩具枪的来源属非正常途径非常清楚。按照一般人的生活经验判断,正常途径无法购买的玩具枪,必定存在某些法律法规等限制。单从这一点而言,赵某某是具有对涉案玩具枪可能违反法律法规规定的认识可能性的,其知道涉案枪支可能是被法律法规所禁止的物品。认识可能性与持枪行为构成了非法持有枪支罪主客观立场的统一,生效判决的合法性与正当性可以成立。

另外，对于被告人拒不供认主观心理态度的情形，侦查人员只能通过其他证据来佐证，也就是推定“应当知道”。当然，这种推定应当允许行为人反驳来否定其具有犯罪的主观故意。虽然“应当知道”可以通过相关证据予以推定证实，但客观而言，其与“确实知道”在程度上的差异是不容忽视的。而且，推定应当知道实际上是对“明知”范围的拓展，后果就是将持有型犯罪的犯罪圈扩展至“推定知道”对象的行为。在新增犯罪构成要素（即违法性认识可能性）对行为犯罪化予以限缩的情形中，将上述逻辑予以反向推演，可以通过降低“知”的程度来减少新增因素的作用空间，从而实现对新增因素发生限缩效应的范围的合理控制。具体而言，在违法性认识“可能知道”判断标准下，个罪明知的内容中增加对行为法律性质的主观认知的考察，实际上起到了对犯罪成立的范围进行限缩的作用。考虑到当前的客观现实存在侦查办案水平等局限，只要达到“可能知道”的程度即可，不宜再将违法性认识可能性的认定标准定得过高，以免导致持有型犯罪的犯罪圈过度缩小，影响持有型犯罪刑法规制的力度和效果。

其次，确立持有型犯罪行为违法性认识的“可能知道”标准，具有相应的理论支撑。明知作为认识论范畴下的概念，与认识的程度具有密切关联。既然认识程度存在高低之分，明知自然也存在程度上的差别，这便是明知的层次理论构建的前提。人对事物的认识具有层次性，以程度高低为标准，可以将知道分为确实知道、应该知道、可能知道、可能不知道、确实不知道等几个层次。“应当知道”属于推定知道，与“确实知道”存在程度上的差别，但将明知的范围拓展至“应当知道”，并未超出人们的认识规律。依照明知的层次理论，行为违法性认识的“可能知道”认定标准，并未超出“知”的涵摄范围。违法性认识的可能性标准，意味着只要行为人具有行为违法性认识的可能，即可认定其符合主观要件中对行为违法性的明知。以存在行为违法性认识的可能性作为认定标准，亦符合未打破“知”的含义范畴，具有合理性。仅当存在违法性认识错误，且该错误不可避免时，才能将行为人从持有型犯罪中予以豁免。

最后，确立持有型犯罪行为违法性认识“可能知道”标准，亦未违反相关的司法规则。持有型犯罪特有的持有行为与持有状态结果的同时性特征,使得无法借助实行行为来实现对主观明知的精准判断。严格责任原则历经绝对责任原则到相对责任原则的演变,目的是通过举证责任倒置来降低某些犯罪的证明难度,降低刑法门槛,扩大刑法适用的范围和力度,来实现刑法对特殊法益的保护目的。但严格责任主义无法摆脱有罪推定、有违主客观相统一立场的缺陷,无法解决持有型犯罪主观要件理论与实践的矛盾冲突问题。既然无法将证明责任转移给行为人,那么,以是否具有违法性认识的可能性为判断标准,可以降低控诉机关对行为人行为违法性认识的证明标准,同样可以在一定程度上降低控诉机关的证明责任和难度。这与严格责任证明责任倒置的精神具有异曲同工之妙。

第二,在行为人不具有违法性认识可能性的场合,还要对这种情况出现的原因进行分析。知法、守法是所有公民的义务。如若允许公民随意以不知法为由进行不知行为违法性的抗辩,那么法律实施必将成为一纸空文。所以,对不知法的抗辩应当从严限制。事实上,正是公民负有知法、守法的义务,才使得法律推定公民对已经颁布的法律均已知晓。基于法律推定的特性,允许行为人就其不知法且不知法的原因不能归咎于其自身来进行抗辩。刑法学界部分学者也将违法性认识可能性表述为违法性认识错误可避免性,二者并无本质区别。①

在判断是否具有违法性认识错误可避免性时,存在两种观点:一种观点认为应当以个案中的具体行为人为标准,另一种观点则认为应当根据平均化的正常人标准。②笔者认为,应当以个案中的具体行为人的能力为标准。违法性认识错误关注的是个案中具体行为人的个体能力,并非平均人标准。既然是涉及责任归属与承担,那么,就只能是个体化的判断。③笔者亦持此观点。在社会基本生活领域规范问题上确立和适用同等标准,有着严格的前提条件。确立行为规范领域的统一注意能力标准,要求家庭、学

① 车浩:《法定犯时代的违法性认识错误》,载《清华法学》2015年第4期。

② 参见 Lackner/Kuhl, Strafgesetzbuch, 2014, §17, Rn. 17; Maurach/Zipf, Strafrecht AT/1, 1992, §38, Rn.35。[法]卡斯东·斯特法尼等:《法国刑法总论精义》,罗结诊译,中国政法大学出版社1998年版,第317页。

③ 参见张明楷:《刑法学》,法律出版社2011年版,第303页。

校、社会生活环境等可能影响个体注意能力发展的各个方面均等地对所有个体产生作用。这样的条件下,才能建立注意能力的同质化同标准的评判体系。但这样的情况只能处于“理想”状态,而无法走入现实。所以,在社会生活中,考虑到每个人的生活经历和认知能力存在差异,如若以“一刀切”式的标准作为判断依据,既缺乏现实基础又不具有正当性。在个案中,以个体性的差异作为标准进行是否存在违法性认识错误可避免性的判断,具有正当性和科学性。

总而言之,在犯罪主观要件难以证明的持有型犯罪案件中,科学界定主观要件的内容并确立适当的证明标准,既可以避免严格责任主义带来的负面影响,又能起到适度降低控诉机关对主观要件的证明难度的效果,对于合理控制持有型犯罪刑法规制范围,有效促进持有型犯罪的立法目的与刑法保护机能的更好实现,具有积极意义。

第四章 持有型犯罪的犯罪形态

第一节　持有型犯罪的停止形态

一、持有型犯罪未完成形态的处罚范围

故意的应受处罚的行为，从有实施行为的想法至行为实施终了，在一个或长或短的路途中跋涉，该路途包括预备犯罪的决意、着手实施、构成要件行为结束、发生结果至行为终了。①故意犯罪的未完成形态包括犯罪预备、犯罪未遂、犯罪中止三种，是指某一行为尚未完全具备刑法规定的构成犯罪的全部要件，但仍然符合犯罪基本构成，这也是其承担刑事责任的基础所在。犯罪预备、未遂、中止三种形态的共同点在于其未完成犯罪活动而停止，不再发展。

过失犯罪不存在未完成形态问题，因为只有在发生实际损害结果时才成立过失犯罪。在危害结果出现之前即停止的情形不构成犯罪，也就不存在处罚未完成形态的问题。虽然我国古代律法中曾存在处罚过失犯罪未遂的情况，像《唐律·职制律》中关于制造御用物品有误的规定中，就存在合和御药、制造御膳违食禁、御用舟船不牢固等过失犯罪，对已进御的严厉处罚，未进御的减轻处罚。②但当今世界各国均不存在这种规定。所以，犯罪的停止形态仅限于故意犯罪中。

---

① [德]汉斯·海因里希·耶赛克、[德]托马斯·魏根特：《德国刑法教科书》(上)，徐久生译，中国法制出版社2017年版，第683页。

② 赵秉志：《犯罪未遂的理论与实践》，中国人民大学出版社1987年版，第187—188页。

事实上，故意犯罪中的间接故意情形中，也不存在未完成形态。犯罪未完成形态的可罚性依据之一在于行为人对危害结果的不排斥，间接故意中行为人主观上对犯罪结果持放任态度，属于应受处罚情形。但是，只有发生了实际危害结果才能以间接故意定罪，在未发生预见之结果变为现实的情形下，其行为不能被评价为犯罪，更谈不上存在未完成形态了。

另外，并非所有的直接故意犯罪均存在未完成形态，有些直接故意犯罪同样没有未完成形态。一是举动犯。其一经着手实施构成要件的行为即告犯罪既遂，因而其不存在未遂、中止等形态。二是纯正不作为犯。其对法律规范的单纯违反行为一旦成就即构成既遂，不存在未遂、中止、预备的可能，例如遗弃罪。三是存在“情节严重”等犯罪要素规定的情节犯、结果加重犯与情节加重犯也不存在犯罪未完成形态，比如《刑法》第 119 条第 1 款之规定，成立相应犯罪除实施特定危害行为，还要求造成严重后果才能构罪，也即只存在罪与非罪的差别，而无完成形态与未完成形态之分。另外，像故意犯罪中的重婚罪、诽谤罪、侮辱罪等，也不存在未完成形态。

二、持有型犯罪的未完成形态

持有型犯罪是否存在未完成形态，存在不同观点。一种观点认为，持有型犯罪不存在对持有预备、未遂与中止的可罚性依据，故不存在未完成形态。[①]也有观点主张，持有行为实施后犯罪就已完成，不可能存在未完成形态。所以，只存在既遂与无罪之分。此观点也是司法实务中的常见观点。[②]支持者认为持有型犯罪存在未完成形态。支持论内部又分为两种意见：一是认为持有型犯罪只存在预备和既遂两种形态，但由于预备行为具有不易识别性与法益侵害的轻微性，故而一般不对本罪的预备形态进行惩处。仅在将法律原本允许持有的物品误认为是法律禁止持有的对象的情况下，成立不能犯未遂。[③]二是持有型犯罪存在完全的未完成形态，包括犯

① 邓斌：《持有犯研究》，吉林人民出版社 2004 年版，第 143—150 页。
② 郭竹梅：《持有型犯罪的特征与认定》，载《法学杂志》2009 年第 4 期。
③ 参见刘亚娜：《持有型犯罪的系统研究》，吉林大学 2005 年博士学位论文，第 85 页。

罪预备、未遂与中止。[①]

(一) 持有型犯罪的停止形态研究的理论构建

实际上,持有型犯罪中经常存在这样的情形,行为人刚刚取得特定物品即被抓获,比如在毒品交易现场刚拿到毒品就被抓,这种情况应以持有型犯罪既遂认定,还是以未遂处罚?该问题的实质在于,持有型犯罪对持有的时间有无限定。我国刑法中并未对持有型犯罪规定时间要求,但很多学者都认为"时间"是成立持有型犯罪的必要条件。刘宪权教授认为"持有毒品要求有一定的时间长度"。[②]《美国模范刑法典》也认同持有的时间条件限制,该法典第 265 条之十五第 3 项规定,行为人尚需在足够的时间内意识到其对某物的控制,并且有时间中止这种持有。[③]笔者也认为,持有具有持续性特点,特定物处在行为人控制支配之下达到一定时间才构成持有,比如游客在旅行途中突然发现自己行李箱中有疑似毒品的白色粉末状物,便立即将其倒入水中冲走,这种情况不成立非法持有毒品罪。

但如果认为持有的认定上有时间要素的要求,那么该如何确定构成持有型犯罪的时间长短标准?就像前文所举的例子,假如行为人是在飞行中的飞机上发现行李箱中存在疑似毒品的粉末状物品,不具备销毁条件而在几小时后飞机落地才予以销毁,是否符合持有型犯罪的时间要素条件?笔者认为,承认持有型犯罪的时间要素,并非要将时间要素予以具体量化为特定时长,而是强调要以持有的延续作为考察对象。有学者在讨论非法持有毒品罪的犯罪形态时提出了"持有三层次"理论,认为持有可以分为准持有、不稳定持有、稳定持有等层次。[④]笔者认为,在讨论持有型犯罪构成的时间要素时,可以借鉴该理论。

---

① 参见阎慧、高鹏志:《订购但未收到毒品的行为其犯罪形态如何认定》,载《人民检察》2015 年第 12 期。

② 刘宪权主编:《刑法学》,上海人民出版社 2016 年版,第 719 页。

③ 参见劳东燕:《揭开巨额财产来源不明罪的面纱——兼论持有与推定的适用规制》,载《中国刑事法杂志》2005 年第 6 期。

④ 吴心成:《非法持有毒品罪的犯罪形态判断——持有三层次说的提出》,载《浙江万里学院学报》2019 年第 5 期。

持有三层次理论认为,准持有与持有具有相似性,但并不具有同一性。[①]当行为人的行为构成准持有时,不成立持有型犯罪;当构成不稳定持有时,尚未达到既遂标准,若因行为人意志以外的原因而导致行为停止,则可能存在预备或未遂形态;若行为人自动放弃犯罪或自动有效地防止犯罪结果发生,可以成立犯罪中止。当持有行为达到稳定状态,犯罪既遂成立,其后行为持续时间等情节不影响既遂认定,仅可作为量刑情节考虑。

持有三层次的核心在于稳定持有的判断。也就是说,持有型犯罪的未遂、中止与既遂形态之间的区别标准为稳定持有。在讨论稳定持有的判断标准问题上,首先需要考虑的是持有物品的来源。对于通过盗窃、抢夺、购买等类似方式有预谋地获取持有物,与偶然取得(如捡拾),二者在成立犯罪的时间上并不相同。无意取得持有对象的情形中,持有人须持有该物品超过一定时间才成立持有型犯罪;如果是蓄意取得被禁止持有的物品,在行为着手时即认为形成不稳定持有,若此时被抓获则应当成立持有型犯罪但属未遂。二者在既遂的判断上均要求对持有物的持有为"稳定持有"。

按照刑法主客观相统一的原则确立的基本立场来看,稳定持有的认定要结合两个方面进行,主观上是否成立对持有物的观念上的稳定持有,客观上是否对持有物形成事实上的稳定持有。事实上的稳定持有的判断居于第一顺位,事实上的稳定持有不成立的场合,即便行为人已经在观念上具有稳定持有的意思或认识,也不能认定为持有型犯罪既遂。比如,行为人为方便自己长期吸食毒品,一次性购入数量较大毒品,在交易现场刚从毒贩手中接过毒品即被抓获。这种情形下,不能认定行为人已经实现对毒品的事实上的稳定持有,不能以犯罪既遂认定。但其持有毒品的行为已经着手实施,应当认定为犯罪未遂。对持有是否达到物理上的稳定状态,需要着重考察时间因素。

对于稳定持有的时间标准,存在是否确立一个固定时长标准的争论。笔者认为,确定固定时间会导致司法僵化、机械,不利于法益保护,以时间

① 参见吴心成:《非法持有毒品罪的犯罪形态判断——持有三层次说的提出》,载《浙江万里学院学报》2019年第5期。

长短界定罪与非罪也面临正当性质疑；而主张具体案件具体分析的观点可能会被质疑存在司法擅断的风险。不得不承认确实存在这样的风险，但司法权的行使有其内在规律，通过统一司法判断标准、类案指导等方式可以实现风险的有效控制。

除了时间因素，某些特殊情形还应当单独讨论。比如，行为人已经非法持有枪支一段时间，实际上司法机关在其取得枪支伊始即已知悉，但为了办案需要未立即抓捕。这种情形下，行为人对枪支的持有具有了稳定持有的外观，但却不能认定稳定持有的成立。其对枪支的持有处在司法机关掌控之下，司法机关可随时终结这种持有；同时，司法机关的掌握意味着行为人的持有所引起法益损害的可能性微乎其微，行为人客观上已经不具备成立既遂的条件。如此认定，既符合罪刑相适应的原则，也可以防止出于业绩考核或其他目的，故意拖延抓捕从而人为制造犯罪既遂。

对于持有人心理的考察，因其主观的内在性特征只能由其本身感知，司法机关要证明其成立心理上的稳定持有难度极大。基于物理持有与心理持有的同时成立具有很大概率的前提，可以借鉴立法推定的思路，认定成立稳定的物理持有时，推定心理上的稳定持有相应成立。但允许行为人举证反驳此种推定成立，也即该证明责任由行为人负担，当行为人未完成该证明责任时，就认定其成立心理上的稳定持有。

当认定行为人实现物理与心理的双重稳定持有，即可认定对特定对象形成了稳定的持有，此时，即成立持有型犯罪的既遂。反之，在对特定对象的持有达到稳定持有之前，才有成立犯罪预备、犯罪中止与犯罪未遂的可能性。

（二）持有型犯罪的预备形态

法益侵害是犯罪的本质属性，也是对行为科处刑罚的正当性依据之一。预备行为是否需要进行处罚，要看该行为客观上是否具有侵害法益的危险。若有，则要进行处罚；若没有，则不需要进行处罚。刑法不惩罚思想犯。同理，当该行为尚未出现侵害法益的危险即停止时，客观上根本不存在对法益产生任何侵害的可能，也就不存在适用刑法予以规制的基础。所以，是否具有法益侵害的危险或结果，是判断持有型犯罪预备形态的重要标志。

持有的预备行为，往往表现为行为人为了实现对某特定物品的持有，而采取的相关准备、创造条件的行为。比如，寻找场所、置办持有工具等，对于其是否存在刑法上的犯罪预备形态，至少需要考察两个方面的内容：一是行为人的主观意志如何认定，二是该预备行为是否具有引起法益侵害的实质性危险。

关于行为人的主观要素确认问题。从主客观相统一的立场看，犯罪是主观意志支配下危害社会的行为，主观因素是犯罪成立的必备要件，在讨论犯罪预备形态时亦不可或缺。在持有的预备行为场合中，我们可以发现，从行为外观上根本无从查证行为人所欲何为，就像无法区分去逛街购物与前往指定地点交接特定物品，无法区分为持有特定物品而准备包裹与日常所需之买包，也无法区分因生活需要而租赁房屋与选择持有特定物的场所。原因在于持有的预备行为与日常生活息息相关，我们日常的多数行为都可以归于持有的预备行为之列，如若认定这样的行为构成犯罪预备行为，生活势必会趋于焦虑，人人会担心被追诉、处罚而深感不安。持有的预备行为的日常生活特征，使得我们无法从这些行为中推断出行为人的主观要素。主观要素认定的困难，使得在判断行为人所实施之行为是不是持有的预备行为时无从着手。

从法益侵害的现实危险角度来看，我国刑法对预备犯一般不处罚，仅处罚具有相当危险性的预备行为。预备的危险性判断是认定持有型犯罪是否存在预备形态的关键。持有型犯罪可能是上游犯罪的结果或者下游犯罪的预备，基于严密法网的考虑，刑法规范将其单列为一种犯罪类型，并视其为侵害某种法益的危险犯，有必要在实际危害发生之前将其确定为犯罪并予以刑罚处罚。就刑法事后法的总体特征而言，这样的立法逻辑本身就是将处罚前置的立法设计。处罚的前移，可以有效防止该行为演变为更严重的法益侵害结果，具有一定的合理性和现实意义。然而处罚的前移并非基于持有本身所具有的严重危害性，而是基于其次生的更加严重的危害或者放纵危害更大的犯罪的不利后果。但是在探讨持有型犯罪的预备犯问题上，笔者认为不应该继续坚持这种思维。持有型犯罪的预备行为之于持有型犯罪，就是危险(持有的危险)的危险(促进持有危险实现的危险)，位于第二位阶的危险已经处于相当低的水平，相较于持有型犯罪对于法益的侵害危险，持有的预备行为所引起之法益侵害危险并不具备实质性，也就不存在刑法介入的必要性和价值。

我国刑法对于预备犯的立法呈现严厉的立场，这对于严密法网、控制犯罪具有积极意义。但也有观点认为，刑法对未遂犯的全面处罚过于挤压人的权利，并非具有天然的正当性与必要性。[①]的确，刑法以人的行为作为规制对象，法网严密的侧面就是对人的严密控制，挤压人的权利空间是必然的。而健全的社会需要的并不只是严密的刑法，还需要人权保障，二者的平衡与良性互动是构建和谐社会的重要方面，这也是刑法需要谦抑的依据之一。全面处罚预备犯并不具备普适性。持有型犯罪本身即是立法推定的产物，在这样的情形下，客观上对持有的预备行为进行判断难度极大，主观上也存在无法查证“为了实施持有(而实行预备行为)”的难题，所以持有的预备行为不具备成立犯罪预备形态的条件，已经对持有的危险作前移处罚，对持有的预备行为不应再苛求而强行纳入刑法规制范围。由此可以得出，持有型犯罪不存在犯罪预备形态。

(三) 持有型犯罪的未遂形态

1. 犯罪未遂形态的判断标准

在未遂犯的处罚依据问题上曾经出现过不同意见，但当前已经形成共识。虽然刑事责任是建立在对犯罪构成要件要素总和的考察和评价基础上的，但犯罪结果并非犯罪构成必备要件，居于犯罪构成的核心地位的是罪过与罪行两个要素。尽管未遂犯可能缺少犯罪结果和行为与结果之间的因果关系两个要素，但犯罪构成中的罪过与罪行两个核心要素已然具备，在主客观相统一的立场下，仍然是符合犯罪构成的，并且在一定罪过支配下的行为，已经对刑法保护的法益产生了危害，但这种危害程度要轻于既遂犯。此即未遂犯需要承担刑事责任的根据，也是对未遂犯比照既遂犯从轻或减轻处罚的原因所在。

---

① 参见邓斌:《持有犯研究》，吉林人民出版社2004年版，第146页。

在讨论持有型犯罪的未遂形态问题上，必须牢牢抓住持有型犯罪构成要件尤其是罪过与行为、社会危害性等因素进行判断。按照稳定持有标准，当行为人已经着手实施持有的相关行为，但因为意志以外的原因未能实现对特定物品的稳定持有，即是持有型犯罪的未遂犯。

2. 对象认识错误的情况下能否成立不能犯的未遂

不同于持有型犯罪的预备犯，在持有型犯罪的未遂形态中，行为人已经开始着手持有行为，但因为意志以外的原因导致未能实现对特定物品的持有。比如吸毒者向毒贩购买毒品，拿到手一看白色粉末并非毒品而是面粉，就属于对象不能犯的持有型犯罪未遂。可能有观点会认为这种错误认识下的持有行为并不具有社会危害性，缺少刑法规制的客观基础。笔者不敢苟同。正如前文所言，罪过与行为是犯罪构成诸要素中的核心要素，这种情形下，吸毒者主观上有购买毒品并持有的态度，客观上实施了联系毒贩并购买的行为，已经具备了犯罪构成的核心要素，其特定结果未出现，并不影响对犯罪构成的认定。而且，以犯罪对象认识错误而认为不存在危害社会可能性的观点也无法成立。在犯罪对象认识错误的情形下，尽管该行为并未对刑法保护的法益产生现实性的具体侵害，但客观上已经威胁到法益。如果对于这种行为不予惩戒，吸毒者势必还要去购买毒品，非要等到其以真毒品为对象实施相关行为再认定其构成犯罪，则会形成被动等待犯罪行为发生的“奇特”局面，不利于犯罪预防和犯罪控制。何况，对对象认识错误情形下的未遂犯予以惩戒并不存在理论障碍，亦没有侵犯人权之嫌，有理有据有价值，何乐而不为？

（四）持有型犯罪的中止形态

前文已述，持有型犯罪不存在处罚预备犯罪的情况，所以在持有型犯罪预备阶段中止的，不作为犯罪处理，自然也就不存在预备阶段的中止犯。有观点认为，持有型犯罪的一个显著特点就是行为与结果的同时性，这也决定了行为与结果之间不存在自动停止的问题，持有型犯罪不存在成立犯罪中止的空间。笔者认为，持有型犯罪存在犯罪中止。实现对特定对象的稳定持有是认定持有型犯罪既遂的标准，在此之前，无论是未遂还是中止，均有可能存在。发生在着手之后，实现稳定持有之前的阶段，行为人自动停止犯罪的可以构成持有型犯罪的中止。比如,行为人受到巨额利益诱惑而同意代他人保管毒品,刚拿到毒品就被母亲发现而责骂,自己也越发感觉不应该,随即将毒品全部销毁。在这个案例中,按照传统理论分析,行为人已同意代为保管并实际取得毒品,即便后续销毁毒品也已既遂,应当以非法持有毒品罪定罪处罚。这样的结论在逻辑上并无不妥,但无法区别于普通的非法持有毒品罪,即便以销毁毒品的情节量刑也只能作从轻处理,显得罪责刑不相适应,有悖于公民的法感情。而根据持有型犯罪的"稳定持有"的既遂标准,行为人对毒品的持有并未达到稳定持有的程度,也就不构成非法持有毒品罪的既遂。在既遂之前,行为人对毒品的持有属于不稳定持有,此时其自动停止持有毒品犯罪行为,并通过销毁毒品的方式消除犯罪结果状态,应当成立犯罪中止。这样就可以对行为人免于刑事处罚,实现罪刑相适应。

第二节　持有型犯罪的罪数形态

罪数是指犯罪行为所构成的罪名的个数。[①]罪数论是讨论一个行为人之行为究竟成立一罪或数罪,且成立数罪时应如何科处刑罚之问题。[②]换言之,是以成立的犯罪个数为研究对象,并据以确定刑罚的理论。罪数论直接关涉罪与罚的合理评价,历来为刑法理论界所重视。我国通说认为,犯罪构成的数量就是犯罪的数量。

一、持有型犯罪:实质的一罪立场

一罪包括单纯的一罪、实质的一罪(继续犯、竞合犯)、法定的一罪(惯犯、结合犯、结果加重犯)、处断的一罪(连续犯、吸收犯、牵连犯)。

单纯的一罪即构成刑法规定的一个犯罪构成的情况。单纯的一罪包括四种情形:一是刑法把一个犯罪构成规定为一个犯罪的情况,比如故意

① 刘宪权:《刑法学名师讲演录(总论)》,上海人民出版社 2016 年版,第 293 页。
② 陈子平:《刑法总论》,中国人民大学出版社 2009 年版,第 449 页。

杀人罪；二是选择的一罪，由两个或两个以上的可选择的实行行为构成的一罪，比如非法持有、私藏枪支罪；三是复合的一罪，即两个或两个以上的实行行为构成的一罪，比如“奸淫被拐卖的妇女”构成拐卖妇女罪；四是重复的一罪，比如《刑法》第383条规定的“对多次贪污未经处理的”，就属于重复的一罪。持有型犯罪通常会存在行为与持有状态在一定时间内同步延续的特点，这种行为与状态的持续性现象形态使得持有型犯罪区别于单纯的一罪。也是这个原因，使得持有型犯罪在一定意义上带有些许数罪的外观，但持有型犯罪只存在一个犯罪故意和一个持续性的行为，缺少成立数罪的基础，只能归属为实质的一罪。

概言之，实质的一罪就是特征数罪、本质一罪，主要包括继续犯与想象竞合犯。持有型犯罪与继续犯具有高度相似性，有学者认为持有型犯罪就属于继续犯。[①]笔者对此有不同观点。继续犯是指行为从开始着手到终止之前一直处于持续状态的犯罪，对法益存在持续性的威胁或侵害是其本质特征。但持有型犯罪的弥补立法疏漏而予以立法推定的定位，除了非法持有枪支、弹药罪外，无法提供持有行为对社会存在持续性危害或威胁的客观基础，将持有型犯罪归类为继续犯的观点缺少理论支撑。所以，持有型犯罪是一种特殊的实质一罪，与继续犯最为接近，但并非一回事。

想象竞合是指在一个故意支配下实施了一个行为，同时触犯数个罪名。[②]持有型犯罪并不存在成立想象竞合犯的情形。讨论想象竞合犯，往往会涉及法条竞合犯。法条竞合与想象竞合的主要区别在于，法条竞合中的一个行为触犯的数个刑法规范之间存在包容或交叉关系。有观点认为，持有型犯罪中存在法条竞合情形，比如非法储存枪支罪与非法持有枪支罪就属于法条竞合。[③]这两个罪名在当时确实引起不小的争议，但最高人民法院《关于审理非法制造、买卖、运输枪支、弹药、爆炸物等刑事案件具体应用法律若干问题的解释》已经对此作出规定：非法储存枪支是指行为人明知枪支系他人非法制造、买卖、运输、邮寄而为其存放的行为，非法持有枪

① 林亚刚：《继续犯的若干争议问题探讨》，载《中国刑事法杂志》2003年第4期。

② 参见刘宪权：《刑法学名师讲演录（总论）》，上海人民出版社2016年版，第297页。

③ 参见刘亚娜：《持有型犯罪的系统研究》，吉林大学2005年博士学位论文，第98页。

支则是强调持枪人员并不具有合法资格却持有枪支的行为。所以,二者在犯罪构成要件上并不相同,也不存在包容或交叉关系,不成立法条竞合。

二、持有型犯罪:法定的一罪与处断的一罪之排除

法定的一罪是指原本是数罪,但法律将其规定为一罪,包括惯犯、结合犯、结果加重犯。法定一罪的本质就是实质数罪、法定一罪。惯犯是指行为人因犯罪已成习性或以犯罪为常业,在较长时间内反复多次实施某种犯罪,按照法律规定以一罪处理的情况。刑法中的很多惯犯都已经取消,现在仅在赌博罪中存在以赌博为业的惯犯规定。结果加重犯是指故意实施刑法所规定的基本犯罪行为,由于发生了加重结果,使其法定刑升格的情况,比如《刑法》第234条规定的故意伤害致人重伤或死亡,就构成结果加重犯。结合犯则是指两个以上各自独立且罪名不同的犯罪行为,根据刑法规定而认定为一个犯罪。比如《刑法》第239条规定的绑架并杀害被绑架人,同时构成绑架罪和故意杀人罪,二者的犯罪构成要件并不相同,但法律规定以绑架罪认定。①对照法定的一罪的诸种情形,无需多言,持有型犯罪并不存在法定一罪的情形。

处断的一罪又称裁判的一罪,是指本来符合数个犯罪构成的数罪,在司法机关处理时将其规定为一罪,特征是实质数罪、处断一罪,具体包括连续犯、吸收犯、牵连犯三种。连续犯是基于同一或概括故意,连续实施数个性质相同的犯罪行为,触犯同一罪名的情况。连续犯中的数行为之间具有独立性,而持续犯只有一个行为,这是连续犯区别于持续犯最显著的特征。持有型犯罪中行为与结果的同时发生与延续性决定了其与连续犯不同。在论及持有型犯罪与上下游犯罪的关系时,不予数罪并罚的立场是一致的。

梳理我国刑法关于持有型犯罪立法的规定不难发现,持有型犯罪总是与相关条款紧密联系、相互衔接,以犯罪族群的形式存在。比如,《刑法》第128条非法持有、私藏枪支罪,第125条非法储存枪支罪,与第127条盗窃、

---

① 参见刘宪权:《刑法学名师讲演录(总论)》,上海人民出版社2016年版,第298—301页。

抢夺枪支罪等组成涉枪犯罪族群，第 348 条非法持有毒品罪与第 347 条走私、贩卖、运输、制造毒品罪等组成涉毒品犯罪族群等。很明显，这种法条体例设计体现了立法者密化刑事法网的立法意图。立法者将犯罪前后整个行为过程及关联环节予以分割、独立，并冠以不同的罪名进行惩治，目的就是实现对犯罪全过程规制的无盲点与全覆盖。这些罪名中存在不同的行为方式，不同的行为方式又构成不同的罪名。所以，上述立法例具有明显的选择性罪名特征。这也表明，我国刑法并未允许对上述犯罪行为进行数罪并罚。也就是说，即使行为人实施了系列行为如制造、买卖、运输、邮寄枪支，也只以一罪论。这样的立法逻辑的背后也有其合理根据。当行为人持有刑法禁止持有的物品的目的是为了实施下一步将被刑法评价为犯罪的危害行为，比如为了贩卖而持有毒品，客观上持有型犯罪要件已经齐备，若以非法持有毒品罪与贩卖毒品罪并罚，无论如何是不合适的，有悖于罪刑相适应原则。这种情况下的持有是后续行为的预备状态，不经过持有就无法完成后续的行为。换句话说，从期待可能性角度考虑，我们也无法期待行为人不经持有而径行跳跃到后续危害行为之中。

虽然在结论上存在共识，但在逻辑推演与论证方面存在不同。在解释持有型犯罪与下游犯罪的关系问题上，有观点认为可以采用吸收犯或者牵连犯理论予以解释。吸收犯具体包括重行为吸收轻行为、实行行为吸收预备行为、主行为吸收从行为三种情况。在以实施后续犯罪为目的而持有特定物品的场合，持有型犯罪作为下游犯罪的预备形态存在，按照吸收犯第二种情形，实行行为吸收预备行为成立处断的一罪。也有观点认为，既然行为人意图实施的是下游犯罪，那么前面的持有就是为下游犯罪作预备的手段行为，实施下游犯罪的手段行为（即持有）同时触犯持有型犯罪构成牵连犯，应当从一重处理。笔者认为，从法理逻辑来看，上述观点具有一定合理性，也契合吸收犯与牵连犯之处断原则，但在事实上却不能成立。因为持有型犯罪是基于弥补立法疏漏、严密刑事法网的考虑而设定的一种立法推定，具有兜底性特征，意即在无法证实持有型犯罪是上游犯罪的结果或者下游犯罪的预备的情况下，才能以持有型犯罪定罪处罚，这就从根本上排除了持有型犯罪成立吸收犯或牵连犯的可能。

持有不仅可以成为其他犯罪的预备形态，也可以其他犯罪的结果状态存在。司法实践中存在一种观点，主张以结果牵连犯理论进行认定，将前行为定性为牵连犯中的原因行为，将持有以牵连犯中的结果行为认定，然后根据牵连犯的处断规则“从一重罪处断”。根据法理判断，制造行为较之持有行为，其社会危害性往往更重，刑罚也就更重，一般也就以该行为之刑法定性来定罪处罚。这种结论是恰当的，但是以牵连犯理论为工具进行分析却是不适宜的。从犯罪过程来看，行为人实施以该特定物为对象的其他犯罪在先，持有该特定物的行为在后，如先制造枪支后持有枪支。此时的持有状态，仅作为前一犯罪实行行为的结果状态存在，也即其意味着前面犯罪行为的既遂，而持有是作为前一犯罪行为的必不可少的环节存在的，属于事后的不可罚行为。如此，在对前一犯罪进行评价时，不可避免地要将对该特定物的持有状态作为犯罪的事实要素予以刑法评价，而刑法禁止重复评价，那么对单独持有进行刑法评价的基础就不存在了。所以在与上游犯罪的关系层面，亦不能以牵连犯理论对待，只能以上游犯罪的事后不可罚状态进行处理。

三、特殊情形持有型犯罪罪数的确定

（一）同时持有数种特定物品的罪数认定

犯罪对象是犯罪客体的载体和实现方式，也是区分此罪与彼罪的重要标准之一。持有型犯罪对象的种类是决定持有型犯罪数量的重要因素之一。当行为人同时持有不止一种特定物时，确定其罪数首先需要判断其持有的行为个数，如果认定存在一个持有行为，那么同时持有不同种类的物品则会形成持有的观念竞合，若是认定持有行为为多个则可能成立数罪。比如同时持有枪支、毒品、假币，盖因毒品、枪支、假币分属不同的种类，其所侵犯的法益除了国家对特定物品的管理秩序外，还存在其他的区别，比如枪支因其特殊属性而具有易实施危害公共安全行为的风险，假币进入流通领域则会严重损害国家信用与市场经济秩序，同样的持有行为分别成为不同犯罪构成中的要件要素，彼此之间不存在包容与交叉关系，仅在行为样态上存在共性。而持有行为存在作为与不作为的混合，要认定持有行为的单复数难度极大，所以根据行为个数来判断罪数并非合理路径。换一个思路或许可以提供借鉴。持有的行为样态表现为“持有+对象”的模式，对象与持有具有对应关系，既然持有的行为数不易确定，可以从持有的对象个数着手来认定持有行为的个数，而持有的对象又承载了不同的法益，故根据持有对象的数量确定持有型犯罪的罪数不失为一条可取之路。持有型犯罪的规范性来源在于立法规定。不同的持有对象被规定在不同的法条之中，故而应当以特定物品的种类数作为依据，对同时持有数种不同刑法禁止持有的对象的情况，应当予以数罪并罚。

案例4：王某、苏某非法持有毒品、非法持有枪支、弹药案①

2016年11月17日，公安机关在王某租住的广州市白云区云城街萧岗村东约大街××号511房抓获王某、吸毒人员孙某，在该房间内查获疑似毒品物和弹状物4颗。随后侦查人员在王某使用的轿车后备箱查获疑似毒品物1包和枪状物1支，弹状物6颗。经检验鉴定，房间内查获的1包白色晶体，净重28.3克，检出甲基苯丙胺成分；车后备箱查获的1包白色晶体，净重31.8克，检出甲基苯丙胺成分；枪状物属于以火药为动力发射枪弹的非制式枪支；弹状物10颗中5颗属于非制式枪弹。

同日，公安机关在王某、苏某租住的广州市白云区云城街萧岗村北门大街七巷×号二楼出租屋抓获苏某，并在该房内查获毒品一批。经检验鉴定：白色晶体19包，净重7299.6克；红色药丸3包，净重17.8克；条状物2包，净重1.7克；液体状物净重46.5克，以上物品均检出甲基苯丙胺成分。块状物3包，净重5.5克，检出大麻酚、四氢大麻酚成分。块状物1包，净重1.5克，检出海洛因成分。白色晶体1包，净重3.4克，检出氯胺酮成分。

法院认为，王某非法持有东约大街××号511号内28.3克甲基苯丙胺，轿车内31.8克甲基苯丙胺和1支非制式枪支、10颗枪弹，以及

① 参见广东省广州市中级人民法院(2017)粤01刑初380号刑事判决书，广东省高级人民法院(2018)粤刑终530号刑事裁定书。

北门大街二楼出租屋内的7365.6克甲基苯丙胺、5.5克大麻酚、四氢大麻酚、1.5克海洛因、3.4克氯胺酮，其行为已构成非法持有毒品罪、非法持有枪支罪，依法应当数罪并罚。依法判决被告人王某犯非法持有毒品罪，判处无期徒刑，剥夺政治权利终身，并处罚金人民币10万元；犯非法持有枪支罪，判处有期徒刑一年。决定执行无期徒刑，剥夺政治权利终身，并处罚金人民币10万元。

（二）多次持有同种特定物品的罪数认定

虽然持有型犯罪多是针对稳定的、持续的持有行为，但行为人先后多次持有同种物品的情形在现实中完全可能存在，研究多次持有同种物品的罪数问题依然具有现实意义。

持有型犯罪的作为属性在于行为人违反了刑法的禁止性规范，而不作为属性则主要集中在对命令性规范的违反上，所以不论是作为角度还是不作为的层面，持有行为的义务特性均来源于法条的规定。在“行为＋对象”的行为模式中，行为具有同质性，对象是区分不同持有罪名的依据之一，多次持有意味着行为的复数、义务的多次违反。但这种义务违反性具有同质性，在持有对象相同的情况下侵犯的都是同一客体，只能成立同种数罪，对其只能以一罪处理。持有的次数可以作为量刑的参考因素。

（三）持有同一特定物品但存在中断的罪数认定

持有同一物品，但因某种原因失去对物品的管控，后又恢复持有的情形，比如，将装有毒品的背包遗失，后又寻回的情况。因为在持有中断的前后，持有的对象没有发生变化，行为人在对物品进行持有中所负载的义务也未发生变化，“行为＋对象”的行为模式没有发生改变，故而中断前后的持有仍应被视为一个行为，仅成立一个犯罪。

（四）持有的部分或全部特定物品被用于其他犯罪的罪数认定

在对持有立法的过程中，存在对持有作为犯罪预备的情形的考虑。事实上，很多情形的持有都是为下一步的犯罪作准备，但限于客观原因无从查证，故而只能以持有的现状定罪。

根据持有犯意与其他犯罪犯意产生的时间先后进行区分，当持有型犯罪故意产生在先时，意即先成立持有型犯罪。至于后来又临时起意将持有的部分或全部物品用于其他犯罪的情况，其他犯罪的犯罪构成并不能将在先的持有型犯罪的要件纳入评价范围，只能认定成立持有型犯罪与其他犯罪并予以并罚。如果持有的物品种类不同，则成立数个持有型犯罪，需与其他犯罪并罚。

案例5：阮某故意杀人、非法持有、私藏枪支、弹药案①

2000年5月26日上午9时许，上诉人阮某外出后又返回其位于广东省中山市东升镇的家中时，见到其妻子苏某与被害人何某在一起。因阮某之前已听闻苏某与何某之间有不正当男女关系，遂用防盗锁将客厅门锁上，并与何某发生争吵。在何某欲穿过客厅门空隙离开时，阮某持自制散弹枪击中何某头后枕部致何某开放性颅脑损伤死亡。随后，阮某逃离现场。2017年6月2日，公安人员在广东省东莞市将阮某抓获归案。经鉴定，送检枪支为自制仿12号猎枪，属于火药为动力发射弹丸的枪支；送检枪支经实弹射击可以击发12号散弹，属于可以发射制式弹药的非制式枪支。阮某供述作案用的砂枪是其于作案前半年向一名陌生男子购买的，买时送了十多颗子弹，平时用来打鸟，案发时大约还剩四五颗子弹。法院认为，阮某非法持有枪支，并持枪故意非法剥夺他人生命，致一人死亡，其行为已构成故意杀人罪、非法持有枪支罪，依法应数罪并罚。

上述案例中，行为人非法持有枪支在先，其持有枪支的目的是打鸟；用枪伤人在后，为另起犯意，因此，行为人同时成立非法持有枪支罪与故意杀人罪，需两罪并罚。

当无法判断持有型犯罪故意与其他犯罪故意产生先后，无论持有的对象是同类还是不同类，只要无法排除该持有对象作为其他犯罪预备的可能性，就只能按照有利于被告人的原则，将持有的要素作为其他犯罪的预备行为要件予以评价，构成其他犯罪一罪，不再单独认定成立持有型犯罪而予以数罪并罚。

---

① 参见广东省中山市中级人民法院(2017)粤20刑初71号刑事附带民事判决书，广东省高级人民法院(2018)粤刑终57号刑事裁定书。

当持有的不同种物品中的部分被用于其他犯罪，而另外一种物品的持有与其他犯罪毫无关联时，应当认定为同时成立持有型犯罪与其他犯罪，予以数罪并罚。比如某毒贩持有大量假币与毒品，在贩卖毒品过程中被抓获，那么对毒贩的持有毒品行为，就作为贩卖毒品罪的要件要素予以评价，而持有假币的情形则单独成立持有假币罪，对其予以数罪并罚。

（五）持有的部分特定物品经查证属于其他犯罪的结果状态时的罪数认定

在实现对特定物品的持有中，行为人可能是通过盗窃、抢劫、购买等犯罪行为取得，也可能通过捡拾、受人委托而持有。如果持有的物品中部分被认定为通过其他犯罪取得，那么对这一部分就应当以先犯罪行为的结果状态来认定，根据事后不可罚原理，不再认定为持有型犯罪。其他持有物非其他犯罪所得或无法查证的，则认定为持有型犯罪，对二者进行并罚。

第三节　持有型犯罪的共犯形态

一、持有型犯罪的共犯认定

持有型犯罪的共同犯罪就是指二人以上主观上形成共同的持有故意，客观上共同实施了持有特定物品的行为，依照刑法规定构成犯罪，应受处罚的行为。构成共同持有型犯罪，需要满足以下条件：

1. 符合法律规定的行为主体

自然人和单位是我国刑法规定的两大犯罪主体。两个以上的自然人构成持有型犯罪共犯的首要条件便是其均具有刑事责任能力。如果行为主体全部是未达到刑事责任年龄或者不能辨认控制自己行为的精神病人或者只有一人具有刑事责任能力的，不能构成持有型犯罪或者持有型犯罪的共同犯罪。符合法定条件的行为主体指使、教唆、利用不具备刑事责任能力的人来实施持有型犯罪的，实质是将不具备刑事责任能力的人作为犯罪工具，构成间接正犯，单独以持有型犯罪定罪处罚，不构成持有型犯罪的共犯。部分持有型犯罪对主体的身份还有相应的限制。合法持有人将特定物品出借给不具有合法持有资格的主体持有的情形中,可能因为刑法的特殊规定而导致二者之间不以持有型犯罪的共犯进行评价。比如,依法配备枪支的警察非法将枪支出借给他人,若借用人仅仅实施了持有枪支的行为,根据共犯理论,二者应当构成非法持有枪支罪的共犯,但因为刑法已有特殊规定,故而不以本罪的共犯进行认定。根据刑法规定,警察的行为构成非法出借枪支罪,而枪支借入方则以非法持有枪支罪进行评价。

当前我国刑法中的大部分持有型犯罪并未将单位作为本罪犯罪主体。在这些罪名中,也就不存在单位与单位、单位与自然人构成持有型犯罪共犯的可能。但确立单位作为持有型犯罪主体的资格,并不存在理论上的障碍。一旦刑法认可单位的犯罪主体地位,那么适格单位之间、与具有刑事责任能力的自然人之间也可以构成持有型犯罪的共犯。

2. 共同的持有故意

共同的故意包括认识层面和意志层面,即行为人之间主观上有意思联络,明知自己与他人共同对某物品实施持有,形成了共同持有的合意,并决定在此合意支配之下共同实施持有行为。如果行为人之间并不存在共同持有的合意,则不能成立持有的共同犯罪。比如,行为人将毒品伪装成白糖委托他人保管,受托人对此并不知晓,则二人之间不存在持有毒品的合意,不成立持有的共同犯罪。共同持有的故意可以产生在持有行为之前,也可能发生在持有过程中,但不可能发生在持有终结后。

3. 共同实施了持有行为

这是对共同持有型犯罪的客观方面的规定。行为人共同实施持有行为,并非强调二者在共同行为中作用相同。他们之间可能存在分工,或者行为存在先后顺序之分,但行为之间肯定存在联系与配合,共同组成刑法视野中的集合体。比如,几人基于共同的故意实施对特定物品的持有行为,有人负责教唆或传授方法,有人实施具体持有,有人提供场所、容器,有人负责望风等。虽然他们实施的行为并不相同,但正是不同的分工协作与配合才使得对特定物品的持有得以顺利完成,刑法将其评价为共同犯罪一罪恰如其分。

案例6:许某、钟某持有伪造的发票案[①]

中运超长公司为四川资阳一家经营跨省客运业务的公司。曹某为公司股东、经理,全面负责公司管理,长期负责外地经营工作。许某为公司股东、副经理,负责公司的本地经营管理工作。钟某为公司股东、办公室主任,负责公司的财务及税务工作。

自2014年起,为了逃避税收、增加公司盈利,曹某从他处获得一批伪造的汽车定额发票,安排公司驾驶员、售票员提供给需要发票的乘客。许某作为负责公司日常经营管理的主管人员、钟某作为负责公司财税工作的人员,明知该批汽车定额发票是伪造的,仍然将该批伪造的汽车定额发票长期存放在该公司财务办公室内,纵容驾驶员、售票员使用该批伪造的发票。后曹某于2019年5月10日死亡,中运超长公司于2019年7月4日登记注销。案发后,公安民警在该公司财务办公室内,查获并扣押疑似伪造的汽车定额发票3.21万份(票面金额共计1042万元)。经国家税务总局资阳市税务局鉴定,上述疑似伪造的汽车定额发票均是假发票。

法院认定,被告人许某、钟某为了单位利益,明知是伪造的发票而持有,数量巨大,其行为均已构成持有伪造的发票罪,且系共同犯罪。因本案单位已经注销,故不再追究单位的刑事责任。但是,许某、钟某作为单位的主管人员和直接责任人员,应当对持有伪造的发票的行为承担刑事责任。二人分别被判处有期徒刑并处罚金。

二、共同持有型犯罪的特殊情形

1. 合法持有者让渡持有的情形

该情形是指具有合法持有特定物品的资格的行为人,将特定物品转交不具有合法资格的人持有。有观点认为无合法持有资格者构成持有犯无疑,但让渡持有者因其具有合法持有依据,不构成犯罪。即便合法持有人

① 参见四川省资阳市雁江区人民法院(2020)川2002刑初259号刑事判决书。

将特定物品出借给不具有合法持有身份的人持有，二者亦不构成共同犯罪。比如，依法配备枪支者擅自将枪支出借给不具有持枪资格的人，那么出借人的行为构成非法出借枪支罪，而借用人如果仅实施了以枪支为对象的持有行为，则成立非法持有枪支罪，二者不构成共同持有型犯罪。[①]这种观点具有一定的合理性，但笔者并不赞同。通常，合法持有资格是建立在一定条件之上的，脱离了这种条件，就丧失了相应的合法性基础。比如，枪支就要求合法持有者亲自持有，一旦脱离亲自持有，其自身也将失去持枪的合法性。所以，擅自将特定物品交由不具备持有合法性的人持有，将导致原持有者持有该物品的合法性丧失。因为二人的行为具有关联性，正是原持有人的行为才使得后持有人的持有得以实现，在这个意义上，二人应当成立持有型犯罪的共犯。前述所举例之所以不构成非法持有枪支罪的共犯，是因为依法配枪人员违法出借枪支的行为，已经被我国刑法单独规定成为独立的罪名——非法出借枪支罪。如果刑法未作此特殊规定，二人的行为完全符合共同犯罪原理，应当成立持有型犯罪的共犯。枪支出借人出借枪支后，在法律上依然对枪支具有控制关系，借入方属于事实控制，二者构成共同持有关系，系非法持有枪支罪的共犯。换个角度说，即便出借方对枪支的持有具有合法性根据，但其出借枪支的行为系非法的，且对于受让人形成对枪支的非法持有有着不可推卸的责任，出借方至少应当构成（受让人）非法持有枪支罪的帮助犯。出借方的行为直接促成借入方非法持有枪支的情形出现，假设刑法未规定非法出借枪支罪，出借方不构成犯罪的结论根本无法自圆其说。司法实践已经出现相关案例支持该观点。

案例 7：应某泉非法出借枪支、应某福、施某非法杀害珍贵、濒危野生动物、非法狩猎案[②]

被告人应某泉系南平市延平区护农狩猎队队员，依法配置有枪支。2018 年 5 月 3 日下午，被告人应某泉以擦枪为由，将猎枪（枪号 97C5127）从南平市公安局大洲派出所领出后，将该猎枪及私藏的

---

① 参见阮方民：《论非法持有犯罪》，载《法学家》1993 年第 2 期。

② 参见福建省南平市延平区人民法院(2018)闽 0702 刑初 411 号刑事判决书，福建省南平市延平区人民法院(2018)闽 0702 刑初 464 号刑事判决书。

11发猎枪子弹借给应某福用于打猎。后应某福持猎枪并携带11发猎枪子弹与施某一同到延平区太平镇葫芦山山上打猎。应某福持该猎枪打到一只白鹇、一只花面狐，施某负责捡拾猎物。打猎过程中施某抓到三只棘胸蛙(俗称石灵)。应某福、施某返回途中在南平市延平区太平镇葫芦山村茶洋17号门口路段被公安民警查获。经南平市公安局物证鉴定所鉴定，该猎枪是以火药为动力发射弹丸的非军用枪支。经南平茫荡山国家自然保护区管理处鉴定，白鹇属国家二级重点保护野生动物，花面狐、棘胸蛙均属福建省省级一般保护野生动物。

法院认为，被告人应某泉系依法配置枪支的人员，违反枪支管理规定，非法出借枪支，造成严重后果，其行为已构成非法出借枪支罪；应某福、施某以打猎为目的，在禁猎期使用禁止使用的工具，先后猎杀国家二级野生保护动物白鹇1只和福建省省级一般保护野生动物花面狐1只，其行为均已构成了非法杀害珍贵、濒危野生动物罪、非法狩猎罪，且系共同犯罪。

上述案例中，应某泉作为狩猎队队员，依法具有持枪资格。但该持枪资格仅对其本人有效，一经出借，其自身便丧失持枪的合法性，与借入人构成非法持有枪支罪的共同犯罪。因刑法特别规定了非法出借枪支罪，根据特别法优于一般法的原则，当以非法出借枪支罪对其定罪处罚。而应某福与施某本不具备持有枪支的合法资格，其借入枪支并持有的行为，自然构成非法持有枪支罪。但其借入枪支并非出于持有的目的，而是为了狩猎，当其非法杀害珍贵、濒危野生动物时，其行为已经构成非法杀害珍贵、濒危野生动物罪，那么，其持有枪支的行为作为其实施非法杀害珍贵、濒危野生动物罪的手段行为，自然应当被目的犯罪的构成要件所吸纳，进行统一评价，持有型犯罪特有的“堵漏”功能也就失去发挥作用的事实基础，故而应当以非法杀害珍贵、濒危野生动物罪定罪处罚，而非非法持有枪支罪。

2. 雇主与雇员因雇佣关系而持有的情形

是指雇员基于雇佣关系持有特定物品。如果雇员知悉特定物品的性质，无疑成立犯罪。疑问在于，其雇主能否构成共犯？法官在梅里亚斯诉普林斯顿案(Melias v. Preston)中认为，雇主基于雇佣关系的存在，对雇员持有的物品也成立持有。[①]这种观点显然认为雇主与雇员成立持有型犯罪的共犯。但笔者对此持否定意见。基于雇员的持有，而将持有型犯罪的刑事责任加之于雇主身上，不能脱离共同持有型犯罪的构成要件。若雇主明知雇员所持有物品的性质，或雇员对特定物品的持有就是基于雇主的指示，那么雇员与雇主构成共同持有型犯罪没有异议。对于其他基于雇佣关系的持有，在存在单位犯罪规定的情形下，以单位犯罪进行定罪处罚更为适宜，不宜认定雇主与雇员成立共同持有型犯罪。

3. 家庭成员持有的情形

该情形具体指一起生活的家庭成员中，对其中某一家庭成员非法持有特定物品的行为，能否要求知晓该家庭成员非法持有行为的其他家庭成员承担刑事责任。比如，父亲发现儿子持有假币、伪造的发票等物品后未检举揭发，是否应当认定父亲与儿子构成持有型犯罪的共同犯罪？笔者认为，社会道德与人伦纲常是人类社会存在与发展的隐形根基。亲亲相隐是我国历来的传统伦理，而法律只是最低限度的道德，倘若强求家庭成员不顾亲情而举报，否则以共同犯罪认定，实质是以最低限度的道德去排挤、限制正常的伦理道德，势必将引起社会伦理的混乱与社会秩序的崩塌。所以，如果知晓持有的家庭成员并未实施相应的帮助、教唆等行为，不应认定为持有型犯罪的共同犯罪。

4. 因处于同一密闭空间而持有

持有某物意味着对某物形成了控制支配关系，这种控制支配关系既可以是事实上的，也包括法律上的。承认法律上的持有，意味着持有人可以脱离对持有对象物理意义上的接触与管控，通过委托、雇佣等方式将特定物品交由他人代为持有保管。这种情形下，受托人的实际占有与委托人的法律掌控共同完成对特定物品的持有，二人成立持有型犯罪的共犯。但是对于处在一定空间的人而言，并不必然对该空间内的特定物品形成持有关系。特定空间内的物品的支配与控制权应当归属于该空间的主要实际支

① See William Wilson, Criminal Law: Doctrine and Theory, Addison Wesley Longman Limited, 1998, p.178.

配者，尤其在涉及刑事责任认定上，应当谨慎认定。笔者认为，特定空间内的特定物品的支配与控制权人，应当对该特定空间具有排他性支配的可能，符合该条件的行为人，应当成立以该空间内特定物品为对象的持有型共同犯罪。共同处于某个空间，不能当然得出二人成立共同持有的结论。如果此空间内的行为人通过改变持有条件从而有助于实现和维持持有，则事实上形成了对持有的帮助，可以成立共同持有。比如，刘某在张某家中借住一晚，在房内发现张某在床下藏有毒品，但并未挪动毒品，亦未声张，第二天便离开。此时，刘某虽然居住在房屋内，但其并不具有排他的空间支配能力，也未通过改变刘某毒品藏匿的形式等为继续持有毒品施加影响，故而不能认定二人构成非法持有毒品罪的共犯。如果刘某在张某家中借宿期间，恰逢警察调查，其将张某藏匿的毒品从床底中间位置推到更深、更不易发现的位置，则可以认定刘某与张某成立持有型犯罪的共犯。

案例8：王某、林某贩卖毒品、非法持有枪支案①

2013年7月中旬，被告人王某与杨某电话联系购买1500克氯胺酮运回长乐市转卖牟利。同月17日晚上，王某与林某驾驶轿车前往与杨某交易，从杨某处购得2袋氯胺酮后，随即与林某驾车返回长乐。在沈海高速长乐营前收费站出口被公安机关抓获。从其驾驶的轿车内查获杨某卖给王某的1481.25克氯胺酮及1支棕色枪柄的气枪，从王某身上查获1袋冰毒。经鉴定，上述被查获的气枪为枪支。法院认为，王某的行为构成贩卖毒品罪、非法持有枪支罪，应当数罪并罚。

本案中，虽然王某与林某同处于相对封闭的空间内（轿车），但车内的物品系王某所有或者放置，控制支配权在王某手中，林某的加入并未改变枪支的管控状态，亦不具有共同持有的故意。因此，二人不成立非法持有枪支罪的共同犯罪。

5. 巨额财产来源不明罪的共犯认定

巨额财产来源不明罪不同于其他持有型犯罪，其特征表现为“持有巨

① 参见福建省高级人民法院(2014)闽刑终字第442号刑事判决书。

额财产”且“不能说明合理来源”。探讨巨额财产来源不明罪的共犯问题，首先要解决该罪的实行行为如何认定的问题。当前对于巨额财产来源不明罪的实行行为，主要存在不作为说[①]、复合行为说[②]、非法获取说[③]、持有说[④]四种观点。不作为说与复合行为说认为，由于客观上存在行为人难以说明的情形，根据不作为犯理论，因缺乏作为可能性而只能作为无罪处理。这种观点明显不能成立。[⑤]非法获取说将巨额财产定性为非法手段取得，但如果能查明巨额财产来源于贪污等犯罪，则不能以持有型犯罪定性。[⑥]比较下来，只有持有说最为合理，其认为该罪的实行行为就是持有来源不明的巨额财产，该观点也为司法实务所认可。[⑦]

有人对2003年至2007年共计160余例巨额财产来源不明案件进行统计，其中夫妻被列为巨额财产来源不明罪共犯的只有3例，仅占2%；高官巨额财产来源不明案件，即便数额高达上千万，罪责也仅由高官一人承担而不及于配偶。[⑧]即便存在夫妻均被以巨额财产来源不明罪追究刑事责任，也未必意味着该罪共同犯罪的成立。海南省原东方市委书记戚某某职务犯罪一案中，戚某某与其妻均被以巨额财产来源不明罪定罪处罚，[⑨]但其妻为中国银行原东方支行行长，夫妻双方均为国家工作人员，在均无法说明巨额财产来源的情况下，完全可能是因为各自无法说明来源而被追究刑事责任，并非成立本罪的共同犯罪。

巨额财产来源不明罪作为一种持有型犯罪，具有不同于其他持有型犯罪的特点。其主体局限于国家工作人员，在对持有的巨额财产来源无法作出合理说明时，又因客观原因无法查证财产的来源，故立法推定其对明显

① 张明楷：《刑法学》，法律出版社2011年版，第1056页。

② 参见孟庆华：《巨额财产来源不明罪研究新动向》，北京大学出版社2002年版，第92—93页。李文峰：《贪污贿赂犯罪认定实务与案例解析》，中国检察出版社2011年版，第576页。

③ 李本灿：《巨额财产来源不明罪实行行为的重新界定：非法获取》，载《政治与法律》2014年第7期。

④ 参见杨兴国：《贪污贿赂犯罪认定精解精析》，中国检察出版社2011年版，第321页。

⑤ 参见李本灿：《巨额财产来源不明罪实行行为的重新界定：非法获取》，载《政治与法律》2014年第7期。

⑥ 参见赵震：《职务犯罪重点疑难精解》，法律出版社2013年版，第332页。

⑦ 参见沈志先主编：《职务犯罪审判实务》，法律出版社2013年版，第268页。

⑧ 陈洪兵：《持有型犯罪的正当性根据及其适用》，载《东方法学》2016年第3期。

⑨ 参见海南省高级人民法院(1998)琼刑终字第184号刑事裁定书。

超出正常水平的巨额财产的持有构成犯罪。所以,巨额财产来源不明罪立足于国家工作人员职务的廉洁性维护立场。对家庭成员不是国家工作人员的情况,不能认定家庭成员成立该罪的共犯。即便家庭成员同为国家工作人员,亦无法说明家庭财产的来源,二者均被认定为巨额财产来源不明罪非基于该罪的共犯,而是各自单独构成本罪。

第五章

持有型犯罪立法检讨与前景展望

第一节　持有型犯罪立法检讨与完善

持有型犯罪的独特构造与功能价值，使得其在社会治理中非常“好用易用”，对于惩治和预防犯罪、保障社会稳定与生活安宁具有积极意义。但不容忽视的是，由于立法水平、社会快速发展等原因，持有型犯罪的相关立法规定仍然存在一定不足，影响了持有型犯罪立法价值的实现与功能的发挥。

一、持有型犯罪的立法检讨

（一）持有型犯罪罪名不规范

通常一个刑法罪名须具备三个要素：法律评价、客观行为与行为对象。[①]就持有型罪名而言，就是指对行为的法律评价要素——非法性，客观行为要素——持有，对象要素——特定物品。从我国刑法及相关司法解释确定的罪名来看，我国持有型犯罪罪名中，均存在犯罪对象要素的统一规定，而在客观行为要素因素和行为法律评价方面却没有进行规范。比如持有型犯罪九个具体罪名中，对涉及假币、伪造的发票、伪造的信用卡或空白信用卡、明显超出国家工作人员合理收入水平的财产的持有，均未使用“非法”对持有行为进行限定。当然，未作统一规范并不意味着不妥。这几类

① 参见陈正云：《持有犯罪研究》，中国方正出版社 2004 年版，第 149 页。

物品本身即系非法产物，持有非法产物的行为自然也就暗含了行为的非法性。但相关罪名在客观行为要素的概括和设置方面，则明显存在问题，导致罪名的设置不统一和不规范。

在本书第一章相关概念研究中有述，持有的本质，就是主体与对象之间的控制、支配关系，而表现这种关系的形式有很多，比如，占有、拥有、私藏和携带等，它们都是持有的具体行为方式。从这点来看，持有具有较大的概括性。但在我国刑法九个持有型犯罪具体罪名中，只有七个罪名直接使用持有一词。很多罪名都存在以具体行为方式来代替持有或者将二者并列的情况，导致同一概念的理解混乱。比如，非法持有、私藏枪支、弹药罪的罪名中，将“私藏”作为与“持有”相并列的同位词，表达出来的意思就是立法机关认为私藏和持有属于不同行为种类，但在法律评价上可以相等同。这种立法明显存在不妥。持有属于大类概念，其具体表现形式有很多，私藏应该只是众多具体表现形式中的一种。刑法条文如此规定，如果不按照成文法的惯例对其文义予以明确，势必会引起刑法罪名司法适用的混乱，影响法律的统一适用与权威。因此，最高人民法院出台《关于审理非法制造、买卖、运输枪支、弹药、爆炸物等刑事案件具体应用法律若干问题的解释》对持有与私藏的含义予以特别说明。从该司法解释第 8 条的规定来看，非法持有枪支罪重在评价对枪支实现持有行为的非法性上，也即行为人不具有配枪资格而非法持有枪支，持有从一开始就是非法的；私藏枪支罪则是意在否定具有配枪资格的人在配枪条件消失后藏匿枪支拒不交出的情形，持有经历了从合法到非法的转变过程。与前罪不同，私藏枪支关注的是合法获得枪支的持有，在合法情形消失后仍持有枪支拒不交出的行为。简言之，司法机关通过上述司法解释确定了以是否具有配枪资格作为持有与私藏的区分标准。但这种分类并不科学，原因在于即便具有配枪资格，在这种资格条件消失后，相关主体丧失合法持有枪支的资格，实质上也属于不具备配枪资格。上述司法解释人为地将同质化的行为区分为持有与私藏，无法彻底解决法律理解的歧义问题。在非法携带、持有毒品原植物种子、幼苗罪中，也存在类似问题。在特定场合下，比如在公共交通工具上，行为人对特定物品的持有只能表现为携带。如此，在罪名中将携带与持有并列，明显重复、逻辑不通。

除了在同一罪名中将同质化的行为人为进行区分之外，不同罪名之间也存在不协调的问题。比如，从非法携带枪支、弹药、管制刀具、危险物品危及公共安全罪的规定来看，其不仅要求有携带枪支、弹药等行为，还应当产生危及公共安全的危险，说明该罪是典型的结果犯，除了有具体的客观行为，还应当产生特定结果。那么，这一罪名就不免让人产生一种误解：非法携带枪支等物品不对公共安全造成危害，未发生特定结果，那么就不构成犯罪。然而《刑法》第128条却将非法持有枪支、弹药的行为规定为犯罪，且以立法推定的方式默认该行为存在引发抽象危险产生的结果。[①]这不免会导致刑法不同罪名之间的体系性混乱，损害刑法体系的严谨性与一致性。这一问题在非法携带武器、管制刀具、爆炸物参加集会、游行、示威罪中同样存在。

（二）持有型犯罪罪状不科学

罪状，意即对构成犯罪的具体行为、情节等相关要素的描述。罪状是确定犯罪的直接规范依据之一。在持有型犯罪的罪状方面，部分存在设置不科学的问题，具体表现在以下几个方面。

首先，将持有与持有的具体表现形式作为行为方式并列，甚至直接使用持有的具体行为方式来代替持有。比如，非法携带、持有毒品原植物种子、幼苗罪的罪状描述中规定了携带和持有的实行行为形式。但就如上文持有型罪名确定中存在的问题一样，携带应当属于持有的下位概念，是持有的具体行为方式，持有本身即包含了携带，只是在持有的具体情形与语境上存在些许差异，但本质上仍属于持有范畴。刑法条文将持有与携带并列，造成前后重复、逻辑不通。

其次，重复设置行为的法律评价因素。比如，非法持有枪支罪的罪状中，不仅规定相关行为须“违反枪支管理规定”，还在持有的动词前设置了“非法”的限定词，而违反枪支管理规定就是对行为的非法性评价。如此设计罪状，必然存在要素的前后重复。

---

① 参见侯国云、白岫云：《新刑法疑难问题解析与适用》，中国检察出版社1998年版，第318页。

再次，要素设置多余。比如巨额财产来源不明罪，从行为方式来看，该罪属于持有型犯罪，本质上是对国家工作人员所持有的巨额财产系非法手段取得的推定，但允许行为人以“说明来源合法”进行抗辩。除了具备行为要件，还要求其不能合法合理地解释财产的来源，才能认定为非法所得。如果能说明财产的合法来源，则不构成持有型犯罪；如果财产系贪污贿赂等职务犯罪的结果，也不构成持有型犯罪——而应以相应的职务犯罪追究刑事责任。这也体现了巨额财产来源不明罪作为持有型犯罪“堵漏”的立法功能定位。当国家工作人员持有的巨额财产或支出明显超过其合理收入，但又不能证实系其他犯罪所得的情况下，就以本罪定罪处罚。然而，该罪罪状中不能说明其合法来源的规定，则容易使人忽略持有型犯罪的本质特征，而误将“不能说明合法来源”作为实体构成要件要素。实际上，上述规定是对国家工作人员巨额财产来源非法性推定的一种验证，并非犯罪构成实体要件。这样的规定并无必要。这一问题在非法持有国家绝密、机密文件、资料、物品罪中同样存在。笔者认为，此类罪名重在规制对相关对象的持有行为，因此，关注的重心应该是非法持有的对象，至于行为人能否说明来源和用途并非犯罪构成要件。在罪状中设置不能说明来源或用途的规定，在一定程度上影响了非法持有的本质判断，容易产生误解。

最后，部分罪名在罪状描述上存在不协调。比如，非法携带枪支、弹药、管制刀具、危险物品危及公共安全罪不仅要求对相关物品实施非法携带行为，还要求行为人进入特定场所并产生危及公共安全的后果，且达到情节严重的程度才能构成。但在非法持有、私藏枪支、弹药罪中，并没有进入特定场合、情节严重的规定。而按照常理来看，前罪的社会危害性要明显大于后者，但前罪却设置情节严重的限定，使得两个罪名的罪状存在矛盾。

另外，部分罪名的罪状中未将持有与相关行为在定罪处罚上拉开档次。这个问题突出表现在非法买卖、运输、携带、持有毒品原植物种子、幼苗罪中。该罪将持有与买卖、运输等行为并列，并规定了同样的法定刑。然而，持有的可罚性根据之一就在于其堵漏的特殊立法定位。如此规定，势必无法体现买卖、运输等行为与持有在社会危害性上的差异，在罪刑相适应原则的立场下难以自洽。

（三）持有型犯罪法定刑不协调

罪刑相适应贯穿于现代刑法的始终，是现代刑法的内在精神。[①]当前我国刑法在持有型犯罪的法定刑配置方面存在一定问题，主要表现在以下两个方面。

一是部分罪名的法定刑设定未能体现不同犯罪对象和客体的社会危害性差异。比如持有假币罪与非法持有枪支、弹药罪。前罪客体是国家货币金融秩序，属于财产权范畴，后罪客体则是公共安全，损害的是不特定的人身健康与财产安全。二者相比，后罪客体明显比前罪客体在价值位阶上更具优先性，后罪在社会危害性上也更为严重，但前罪十年以上有期徒刑的最高法定刑，明显较后罪最高七年有期徒刑的法定刑要重得多。因此，在二罪的法定刑设定上未能体现公共安全优先的价值取向。非法持有枪支罪与非法携带枪支、弹药、管制刀具、危险物品危及公共安全罪，非法携带武器、管制刀具、爆炸物参加集会、游行、示威罪也存在法定刑不协调的问题。非法持有枪支一般是私下的、不公开的，而在人员聚集的公共场合持有枪支等具有公开性，无疑是对社会管理秩序的严重破坏，社会危害性更为严重，但二罪的法定刑却均为三年以下有期徒刑，且后罪中还有“情节严重”的规定，远远低于非法持有枪支罪的七年以下有期徒刑，明显未做到罪刑相适应。

二是与关联犯罪在法定刑上设定的落差不合理。这种不合理表现在两个方面：首先，部分罪名的法定刑没有拉开适当差距。比如，持有假币罪与出售、购买、运输假币罪，持有假币的社会危害性应当轻于出售、购买、运输假币的行为，然而在法定刑设置上，后罪仅在第三档数额设置了高于持有假币罪的法定最高刑——无期徒刑，但在第一、二档数额中，二罪的法定刑完全相同，未形成合理落差。其次，部分罪名的法定刑差距过大。最典型的例子就是巨额财产来源不明罪，其法定最高刑为十年有期徒刑，而作为关联犯罪的贪污贿赂犯罪的法定最高刑则是死刑。如此悬殊的法定刑

① 参见陈兴良：《本体刑法学》，商务印书馆 2001 年版，第 101 页。

设置背景下，职务犯罪分子更加情愿选择拒不交代非法财产的真实来源，严重影响对职务犯罪的打击效果。

二、完善持有型犯罪立法的建议

（一）完善持有型犯罪立法的指导原则

首先，坚持全面协调立场，合理界定持有型犯罪对象、性质及分类，在不同持有型犯罪罪名之间、与相关联犯罪之间注意做到协调合理。其次，重视刑法谦抑性，坚持最后手段性立场不放松。刑法作为最严厉和最后的手段，其本身也是存在相应代价的，不能迷信“刑法万能”，应当坚持刑罚必要性立场，仅在其他部门法手段无法实现有效调整时，才能启用刑罚来施加强有力的规制与震慑。要求用最小的支出——少用甚至不用刑罚而用其他刑罚替代措施，获取最大的社会效益——有效地预防和控制犯罪。①坚持持有型犯罪的“堵漏”定位。只有在无法查证持有构成关联犯罪时，才能以持有型犯罪定罪处罚。最后，优化立法技术，提高立法水平。在罪名、罪状、法定刑设置等问题上努力做到用语精确、规范简练，避免产生歧义。

（二）完善持有型犯罪立法的具体措施

1. 统一规范持有型犯罪罪名

设置统一的罪名表述体例，理顺持有与其具体表现形式之间的逻辑关系与内在联系，在罪名中以持有对其客观行为进行统一表述，不再使用携带、私藏等词语来描述持有。同时，在罪名中将犯罪对象明确列出，既能做到一目了然，也能体现本罪法益。

2. 合理确定持有型犯罪罪状

一是对部分罪名的罪状中将持有的具体行为方式与持有并列的情况进行修订，删去具体行为方式。比如，删去非法携带、持有毒品原植物种子、幼苗罪中的携带行为，因为持有本身就是携带的上位概念，持有当然涵盖携带的意思。二是将条文中的重复之处作删除处理。比如，非法

① 参见陈正云：《持有犯罪研究》，中国方正出版社2004年版，第159页。

持有枪支罪中"违反枪支管理规定"与实行行为限定词"非法"重复，考虑到对特定管理规定的强调，可以保留前者，将"非法"删除。有些罪状描述容易掩盖持有型犯罪本质特征，比如巨额财产来源不明罪中的拒不说明来源规定，既非犯罪构成要件，也没有特殊规定的必要，可以删除。三是修正部分罪名中设置的不合理的加重情节。将枪支、弹药从非法携带枪支、弹药、管制刀具、危险物品危及公共安全罪的对象中删除，转而作为非法持有枪支、弹药罪的加重处罚情节。四是对持有及其关联行为予以适当区分。将非法买卖、运输、携带、持有毒品原植物种子、幼苗罪中的买卖和运输行为，与持有相区别（删除携带），分别规定在不同条文中，并设置不同的法定刑。

3. 协调设置持有型犯罪法定刑

第一，持有型犯罪法定刑的设置，要在横向上努力做到不同罪名之间的平衡。从生命健康与财产权益的法益衡量角度看，持有假币罪的社会危害性较非法持有枪支、弹药罪轻，但其法定最高刑明显比后者七年的法定最高刑重得多，应当适当降低持有假币罪的法定最高刑。非法携带枪支、弹药、管制刀具、危险物品危及公共安全罪，与非法携带武器、管制刀具、爆炸物参加集会、游行、示威罪在犯罪构成上，除了要求实施特定持有行为外，还要求造成特定的后果且情节严重（如危及公共安全）或者进入特定场合、参加特定活动（如集会等）。从此角度分析，二罪危及社会公共安全的程度明显大于非法持有枪支、弹药罪，但现行刑法对上述两罪设定的法定刑均为三年以下有期徒刑，与其社会危害性相比，法定刑过轻，应当适当提高其法定刑，而不是轻于非法持有枪支、弹药罪。

第二，对于持有型犯罪与上下游犯罪之间要拉开适当的差距。持有假币罪与出售、购买、运输假币罪之间存在情节相同但未在法定刑区间上设置合理档次问题，可以将出售、购买、运输假币罪的法定刑予以适当提高，比如，将数额较大情形所对应的法定刑区间改为五年以下有期徒刑或拘役，数额巨大情形的法定刑区间改为五年以上、十年以下有期徒刑。针对当前巨额财产来源不明罪法定刑设置与其关联犯罪严重不协调问题，建议加重该罪法定刑，对所持来源不明财产数额巨大的情形处以五年以上、十年以下有期徒刑，数额特别巨大的，处十年以上有期徒刑。

第二节　持有型犯罪的立法动向与前景展望

一、持有型犯罪立法动向

从 1988 年巨额财产来源不明罪开始，到 2015 年《刑法修正案(九)》增设全新持有型犯罪罪名非法持有宣扬恐怖主义、极端主义物品罪，我国形成了较为系统的持有型犯罪刑法规制体系，持有型犯罪刑事立法越来越成熟，规制体系更加完善。在这一发展过程中，呈现出一定的立法惯例和价值取向。探寻持有型犯罪立法动向，检讨现有立法，可以更好地推动刑法持有型犯罪的立法发展，提高刑事立法科学性。

(一) 持有型犯罪立法扩张趋势显著

晚近以来，在我国社会转型的现实背景下，坚持结果本位导向的传统刑事立法观日益不能满足社会需要，而现代刑法观奉行的积极预防立场迎合了风险社会下民众对于安全和稳定的诉求，成为"法律社会"的主流。[①]刑法从报应主义到法益保护前置化的预防主义的转变，[②]俨然成为当下我国刑事立法发展的共识性命题。这种趋势在我国历次刑法修订的情况中得到充分体现，通过立法将规制保护措施提前化，从而将法益侵害的风险与威胁降到最低，将规制的节点提前至"萌芽阶段"，已经成为我国刑法立法的价值趋向。持有型犯罪的设置就是这种立法手段的具体表现。在这样的背景下，立法扩张态势就成为我国持有型犯罪当前最突出的特征之一。[③]

1979 年《刑法》之后的一个时期内，我国主要通过颁行单行刑法的方

---

① 参见周光权:《积极刑法立法观在中国的确立》,载《法学研究》2016 年第 4 期;梁根林:《刑法修正:维度、策略、评价与反思》,载《法学研究》2017 年第 1 期。

② [德]汉斯·约格·阿尔布莱希特:《安全、犯罪预防与刑法》,赵书鸿译,载《人民检察》2014 年第 16 期。

③ 车浩:《非法持有枪支罪的构成要件》,载《华东政法大学学报》2017 年第 6 期。

式进行立法修订。1988年，全国人民代表大会常务委员会颁布《关于惩治贪污贿赂罪的补充规定》设置巨额财产来源不明罪，这是我国现代意义上的第一个持有型罪名；1990年通过《关于禁毒的决定》设置非法持有毒品罪；1995年颁布《关于惩治破坏金融秩序犯罪的决定》增设持有假币罪。1997年《刑法》全面修订时，又增设非法持有枪支、弹药罪，非法持有国家绝密、机密文件、资料、物品罪，非法持有毒品原植物种子、幼苗罪，持有型犯罪立法初步实现系统化。1997年《刑法》之后，我国刑法修正方式改为"修正案"形式。2005年《刑法修正案(五)》将持有伪造的或他人信用卡的行为规定为妨害信用卡管理罪；2011年《刑法修正案(八)》将持有伪造发票的行为规定为持有伪造的发票罪；2015年《刑法修正案(九)》又设置了非法持有宣扬恐怖主义、极端主义物品罪。以上九个罪名构成了当前我国持有型犯罪的刑法规制体系。另外，还有观点认为应当增设非法持有公民个人信息罪等新持有型罪名。可以预见的是，持有型犯罪的立法仍将保持扩张的发展态势。

持有型犯罪立法扩张态势的形成，除了满足社会发展的需要，也与持有型犯罪在打击相关犯罪方面呈现出"好用"的工具属性有密切关系。储槐植教授就认为："制定持有型罪名，就是为了在控诉机关难以证明现状的来源或去向的情况下，不使狡猾的犯罪人逃脱法网，提高刑法威慑力……根据有些国外立法，设立持有型罪名的意义还在于以惩罚早期预备行为来防止严重犯罪的发生，例如，持有凶器罪、持有犯罪工具罪等。"①换言之，持有型犯罪具有堵塞法律漏洞功能，可以严密法网，防止犯罪人逃避刑法惩戒。其严密法网的功能主要表现在"预防"与"堵漏"。

较之传统实害犯，持有可能是更严重犯罪的预备状态，也可能是其他更为严重犯罪的结果状态。基于风险社会到来的现实，社会对于法律尤其是刑事法律的期待，从过去的结果责任主义转向以预防犯罪为重心。禁止持有的往往是便利犯罪实施、轻易可以造成严重社会危害或极易诱发犯罪的物品，对这类物品的持有予以犯罪化，可以将犯罪最大程度地扼制在萌

① 储槐植：《刑事一体化》，法律出版社2004年版，第300页。

芽状态，更好地保护社会公共安全。

就堵漏功能来看，持有型犯罪作为刑法规制工具更为"好用"。比如，当行为人持有的大量毒品无法被证实属贩卖、运输等情形时，通过设置非法持有毒品罪，控方仅需证明行为人对毒品的持有状态即可定罪处罚。这种立法逻辑的背后，是因为毒品往往是贩卖、运输等犯罪的行为对象，而贩卖、运输的行为除非当场抓获，否则很难予以证明，极易造成犯罪分子逃避刑法追究的后果。以持有的现状定罪处罚，可以防止犯罪分子逃脱刑事法网。如果只能待完全查明来源或者去向的犯罪事实方能论罪科刑，显然不利于打击相关犯罪，因为"证明事实的来源或去向显然难于证明事实本身"。①持有型犯罪作为一种截堵性立法罪名，具有补充性处罚规范的性质，是将证明难度大、法定刑重的来源或者去向性罪名所要求的证明事项，改变为证明要求较低、法定刑较轻的持有型罪名的证明事项。②

（二）持有型犯罪保护法益泛化特征突出

纵览我国持有型犯罪从 1997 年《刑法》正式设置非法持有枪支、弹药罪，到 2015 年《刑法修正案（九）》规定非法持有宣扬恐怖主义、极端主义物品罪的立法发展过程可以看出，持有型犯罪作为一种基于"风险预防"理念而创设的新型罪名，在我国刑事立法中呈现出不断扩张的态势。这种扩张态势的背后，不单单是持有对象的范围扩充，更为本质地是对持有行为侵害法益危险的泛化解读。③

从现行刑法规定的罪名看，目前我国持有型犯罪主要以枪支弹药、毒品、假币、伪造的发票、信用卡，国家绝密、机密的文件、资料、物品以及国家工作人员明显超出合理水平的财产等为对象。这些对象往往关系到公共安全、货币的公共信用、国家的税收、金融安全、公众的健康、国家安全、职务行为的不可收买性等重大公共利益。④根据对象承载的法益进行分类，

---

① 储槐植：《刑事一体化》，法律出版社 2004 年版，第 300 页。

② 参见许恒达：《从贪污的刑法制裁架构反思财产来源不明罪》，载《台北大学法学论丛》2012 年第 82 期。

③ 参见阎二鹏：《持有型犯罪立法动向及其正当化根据》，载《国家检察官学院学报》2019 年第 3 期。

④ 陈洪兵：《持有型犯罪的正当性根据及其适用》，载《东方法学》2016 年第 3 期。

具体包括:非法持有枪支、弹药等危害公共安全;非法持有国家绝密、机密文件、资料、物品,毒品、毒品原植物种子、幼苗等侵害社会管理秩序;持有假币、伪造的发票等侵犯社会主义市场经济秩序;巨额财产来源不明罪破坏国家廉政制度,侵害国家工作人员职务行为的廉洁性。由此可以发现,我国现行刑法中规定的持有型犯罪分散在不同的刑法分则章节中,呈现分散性立法样态。从犯罪客体角度分析,持有型犯罪的类型化分类依据包括危害公共安全、破坏社会管理秩序以及破坏社会主义市场经济秩序等犯罪客体。这样的处理模式考虑到了部分持有型犯罪的复杂犯罪客体的实际情况,具有一定的合理性。但结合立法背景、立法目的和行为特征来看,对持有型犯罪的犯罪客体进行抽象概括在揭开持有型犯罪的面纱、更加准确把握持有型犯罪本质方面具有积极意义。笔者在本书第三章第一节曾有论述,持有型犯罪的客体存在单一客体与复杂客体之分。复杂客体是指持有特定物品的行为同时侵害国家对特定物品的管理秩序和刑法保护的其他法益。比如,非法持有枪支、弹药罪在侵犯国家对于枪支弹药的管理制度外,还严重威胁公共安全。复杂客体中,应当存在主次之分,公共安全应当是持有型犯罪的主要客体。①

刑事立法的分散表明持有型犯罪所保护的客体呈现泛化态势,可能会引起刑法规制范围的无序扩张,进而导致不具有刑法规制必要性的持有行为被列入犯罪圈,从而严重影响刑法公信力与威慑力。立法的过度分散也容易导致持有型犯罪数量的无序增长。在风险社会的背景下,人们对于社会和安全的焦虑与恐惧情绪,会增加社会的整体压力,降低社会安全感,从而产生相应的刑法保障需求。在这种情况下,立法者对相关行为予以刑法规制必要性的评估,可能会受到干扰,进而导致持有型犯罪刑事立法由积极立法偏向激进立法状态。就持有型犯罪的立法定位来看,持有型犯罪可能是性质或危害更为严重的上游犯罪的结果或下游犯罪的预备,在这种情况下,持有只能是过程性的存在状态。大量的持有型犯罪,势必影响惩治上下游关联犯罪的积极性,最终又会导致放纵更为严重犯罪的不利后果。

① 参见王利宾:《持有型犯罪立法的检讨及完善对策》,载《周口师范学院学报》2019年第3期。

更何况，对将状态视为行为进行处罚是否公正的质疑仍未被彻底打消。

（三）持有型犯罪对抽象危险犯立法规制趋向明显

纵观《刑法修正案（九）》设置非法持有宣扬恐怖主义、极端主义物品罪之前我国持有型犯罪的立法，呈现出持有对象特定性、关联犯罪严重性及与法益侵害实害结果的密接性之特征。[①]主要表现在三个方面：

一是持有型犯罪的对象具有特定性。在《刑法修正案（九）》之前，持有型犯罪的对象主要是枪支弹药、毒品，毒品原植物种子、幼苗，假币、伪造的发票等。依犯罪对象与犯罪客体的关联性可以看出，上述物品本身就存在危害刑法保护的犯罪客体的危险特性。比如，枪支、弹药可能会造成危害公共安全的严重后果，毒品则可能直接危及公众健康，伪造的发票、假币等则会破坏国家经济秩序。从法定犯角度看，非法持有该罪犯罪对象的行为大多具有二次违法性。刑事立法将犯罪对象限定在法律、法规禁止持有的物品范围之内，也就意味着持有枪支、弹药等物品的行为在刑法范畴之外，已为相关法律法规所严格限制，也就是说此类物品均属于一般意义上的管制物品。

二是持有可能引发关联犯罪是持有行为入罪的重要因素。并非所有对管制物品实施的持有行为均构成犯罪。从持有型犯罪本身的特殊构造来分析，当持有行为的关联行为符合这样的标准时，才认为持有行为具有犯罪化的必要和正当性：该关联行为具有严重法益侵害性和明显较持有型犯罪更重的法定刑。比如，非法持有毒品的关联犯罪可能是贩卖毒品罪，他们之间的法定刑相差悬殊。这一特征在持有假币罪等持有型犯罪中也存在。

三是持有型犯罪与关联犯罪之间存在特殊关联，比如预备行为或结果状态。通常而言，对预备犯罪进行处罚是例外，因为犯罪预备尚不具备侵害法益的现实、紧迫的危险。需要对犯罪预备予以处罚时，也应当将此类行为限定在犯罪预备与法益侵害的实行行为具有密切关联的情形范围内。在持有型犯罪中，这样的立法逻辑就体现为，在持有行为作为预备的情形

① 阎二鹏：《持有型犯罪立法动向及其正当化根据》，载《国家检察官学院学报》2019年第3期。

中，其关联的目的犯罪行为一般应当是具体危险犯或实害犯。换言之，在这种情形中，持有型犯罪是作为抽象危险犯之抽象危险向实害或者具体危险转化的中间环节而存在，非法持有枪支、弹药罪与持枪故意杀人犯罪之间的关系就是例证。这样的立法逻辑背后所体现的立法考虑是，持有型犯罪所引发的抽象危险，并非均会引起法益实害结果或具体危险的产生，如此不免产生对持有型犯罪引起法益侵害的因果关系存在与否的质疑，①这也是对持有型犯罪予以限定的合理化根据。

但2015年《刑法修正案（九）》设立的非法持有宣扬恐怖主义、极端主义物品罪，打破了这一立法传统，持有型犯罪刑事立法的发展出现新的特点。首先，持有型犯罪行为往往具有二次违法性特征。但行政法律法规并未像枪支、毒品一样将宣扬恐怖主义、极端主义的物品列入禁止持有的范围，刑法就直接将以其为对象的情节严重的持有行为规定为犯罪，突破了持有型犯罪行政刑事二次违法的惯例。其次，持有型犯罪极易引发危害更为严重的关联犯罪的特性，是对其进行犯罪化的根据之一。本罪的关联犯罪，是指可以通过本罪来实施的具体犯罪。比如，为了散发而持有相关物品可能构成宣扬恐怖主义、极端主义、煽动实施恐怖活动罪。

前文有述，我国持有型犯罪立法将有可能转化为性质更为严重的关联犯罪的持有行为规定为犯罪，而本罪的设立使得上述立法传统被打破。比如，非法持有此类物品的目的，可能就是为了实施强制穿戴宣扬恐怖主义、极端主义服饰、标志罪，但二者之间的法定刑完全一致，并未体现出持有型犯罪之前所特有的关联法益侵害更为严重的罪名的特征。

另外，从法益侵害性角度来看，非法持有宣扬恐怖主义、极端主义物品罪的设立，体现了我国对涉恐犯罪抽象危险犯的立法特征与趋势，这就改变了持有型犯罪作为由抽象危险犯向具体危险犯或实害犯转化中间过程的预备犯属性与立法定位。进而，本罪的关联犯罪也不再是法益侵害中具有实害结果的实害犯，亦不再是具有现实、紧迫危险的法益侵害的具体危险犯。由此可以得出，持有型犯罪的法益侵害结果，也可以是只对刑法保

① 阎二鹏：《持有型犯罪立法动向及其正当化根据》，载《国家检察官学院学报》2019年第3期。

护法益造成抽象危险的抽象危险犯。本罪的设立,改变以往持有型犯罪刑事立法的一贯传统与模式,其规制行为的法益侵害性比抽象危险更"抽象",对犯罪客体的保护较之以往持有型罪名更为间接。

二、持有型犯罪立法发展展望

持有型犯罪可谓是一个颇为矛盾的存在。一方面,持有型犯罪为全方位打击和预防犯罪,严密刑事法网,保障社会安定发挥重要作用。持有型犯罪具有"好用"的显著优势,仅需要证明行为人主观上知晓自己持有相关物品,客观上对刑法禁止持有的物品实施了持有行为即可,这样的证明标准很容易就能达到。从这个意义上说,持有型犯罪的罪名在司法实践中非常实用。另一方面,持有型犯罪以持有状态的现状定罪的模式,不可避免地带有变相鼓励行为人避重就轻、拒不交代以规避更重刑罚的负面效应。通常而言,持有型犯罪的关联犯罪更为严重,而趋利避害、躲避惩罚是人之天性,行为人为了逃避罪责往往拒绝供述持有对象的来龙去脉。在这种情况下,如果司法工作人员一遇到阻力便放弃调查,转而以持有型犯罪进行处理,无疑会导致放纵更为严重犯罪的恶果。比如,在巨额财产来源不明罪中,就一直存在"记性好的人判重罪、记性不好的人判轻罪"的质疑。但总体来说,持有型犯罪具有充分的时代价值与积极的实践意义,应当辩证看待其优缺点,努力推动持有型犯罪立法与司法实践的不断发展与完善。

(一)持有型犯罪立法的发展趋势

笔者相信,在今后一段时间内,持有型犯罪刑事立法仍将保持扩张态势,继续完善相关立法,增设相关罪名,以进一步严密法网,健全持有型犯罪的刑法规制体系。

1. 增设非法持有儿童色情制品罪

儿童是国家的未来、民族的希望,儿童利益最大化已成为世界共识。当前我国尚未对网络信息进行分级,儿童色情制品大量存在于网络灰色地带,网络儿童色情制品泛滥问题客观存在,亟待整治,而我国在网络管理与网络违法治理能力方面存在严重不足,无法满足现实需要。基于这样的现实，积极延伸刑事打击触角，将非法持有儿童色情制品的行为纳入刑法规制范畴，具有积极意义。

（1）非法持有儿童色情制品罪的正当化依据

将非法持有儿童色情制品行为予以犯罪化的首要问题当属正当性根据问题。非法持有儿童色情制品罪应当归属于持有型犯罪行列，其可罚性在于相关行为具有重大法益侵害性或者严重的义务违反性。[①]

持有型犯罪在堵塞法律漏洞、严密刑事法网方面具有重大现实意义。从设定持有型犯罪背后的法理来看，对持有行为进行刑事处罚的着眼点并不在于持有行为本身，而是为了防止犯罪分子借由持有逃避已然之罪的惩罚或进一步实施其他关联性犯罪。[②]对儿童色情制品的持有，既可能是制作相关物品行为的结果状态，也可能是对儿童实施性犯罪的预备状态。在将针对儿童色情制品的制作、复制、贩卖行为犯罪化后，基于严密刑事法网的考虑，也应当考虑将非法持有儿童色情制品的行为进行犯罪化，以预防相关犯罪和防止犯罪分子逃脱刑事惩罚。从犯罪本质来看，严重的社会危害性是增设非法持有儿童色情制品罪的根本依据。这种社会危害性主要体现在持有儿童色情制品存在相应的严重法益侵害性的现实可能和刑事惩治的必要。

首先，互联网时代持有儿童色情制品具有严重的法益侵害性。高效便捷的网络使得制作、传播、复制者将其持有的大量儿童色情制品迅速传遍世界成为轻而易举之事，一旦发生这样大规模的传播，势必使受害儿童深陷痛苦而无法自拔，对其健康成长可谓是毁灭性打击。美国一名学者通过研究发现，许多受害儿童更容易自暴自弃，甚至通过吸毒、酗酒乃至违法犯罪来找寻自我，从而引发严重的社会问题。[③]加拿大最高法院在加拿大诉夏普案（The Canadian case of R. v. Sharpe）判决中明确表示，儿童色情制品可能会改变行为人的内心行为准则或引起自我控制能力的崩溃，增加对

① 梁根林：《持有型犯罪的刑事政策分析》，载《现代法学》2004 年第 1 期。

② See Paul H. Robinson & Michael T. Cahill, Criminal Law, Wolters Kluwer Law & Business, 2012, p.147.

③ 参见牛旭：《美国网络儿童色情物品持有罪的立法变革》，载《当代青年研究》2016 年第 3 期。

儿童进行性犯罪的可能性。所以，应当认定对该类物品的持有是“对儿童明显的伤害”。[①]这是来自司法实务对该行为具有的法益侵害的强有力的支持与认可。这样的论断也有相应的研究数据支持。来自英国的一项研究发现，受儿童色情制品影响而针对儿童实施犯罪的比例，在所有研究对象中占比超过67%。[②]

其次，持有儿童色情制品的行为在不同情境下具有不同的表现形式，比如观看、下载、浏览等，类似的具体表现形式与儿童法益侵害具有因果关系。儿童色情制品以儿童性行为为内容，展现的是被性虐、伤害的无辜儿童的痛苦经历，这种痛苦场景被人观看亦会对儿童产生伤害。[③]受害儿童往往会表现为害怕、沮丧、负罪感和负疚感，甚至有自杀倾向。制作者的行为对儿童的伤害是直接的，其通过将这种伤害的场景制作成儿童色情制品，供这些制品的持有人使用。在这个意义上，制作行为造成的伤害是直接的、主要的，观看行为造成的损害则是间接的、次要的，二者都有法益侵害性，都应当给予刑事制裁。更有甚者，此类物品的持有人为了能获得更多的儿童色情内容，以各种方式教唆鼓励制作人进行相关制品的制作。此时，持有人与制作人之间形成制作儿童色情制品的合意，其教唆行为与制作的实行行为结合，成立制作淫秽物品类犯罪的共同犯罪。

最后，增设非法持有儿童色情制品罪也是我国履行国际条约义务的举措。我国先后加入的联合国《儿童权利公约》《禁止和立即行动消除最恶劣形式的童工劳动公约》《〈儿童权利公约〉关于买卖儿童、儿童卖淫和儿童色情制品问题的任择议定书》等国际公约，都要求禁止对儿童实施性侵害，并对利用儿童进行色情制品制作、传播、蓄意占有等行为予以刑事处罚。联合国《儿童权利公约》第34条明确要求缔约国采取积极措施，从法律和社会层面禁止行为人对儿童实施的各种形式的性剥削和性侵害，包括利用儿童进行淫秽表演和充当淫秽题材。《禁止和立即行动消除最恶劣形式的童

① 参见廖兴存:《法益保护原则视阈下儿童色情制品持有入罪论》,载《当代青年研究》2018年第4期。

② See W. L. Marshall, The Use of Sexually Explicit Stimuli by Rapists, Child Molestors, and Non-offenders, The Journal of Sex Research, 1988, pp.267—288.

③ See Gillick v. West Norfolk and Wisbech AHA, [1985] 3 All ER 402.

工劳动公约》将“使用、招收或提供儿童卖淫、生产色情制品或进行色情表演”作为“最恶劣形式的童工劳动”。《〈儿童权利公约〉关于买卖儿童、儿童卖淫和儿童色情制品问题的任择议定书》对儿童色情进行了明确的定义，“以任何手段显示儿童进行真实或模拟的露骨性活动，或主要为诲淫而显示儿童性器官的制品”，并要求“对儿童色情材料的制作、传播、出口、播送、进口、蓄意占有和宣传予以刑事处罚”。从这个意义上说，增设非法持有儿童色情制品罪也体现了我国积极承担国际义务，切实保护儿童权益的立场和决心。

综上所述，增设非法持有儿童色情制品罪具有相应的法理依据和现实必要性。

(2) 非法持有儿童色情制品罪的犯罪构成

在讨论本罪犯罪构成之前，有必要明确本罪的具体概念。笔者认为，参照我国刑法关于持有型犯罪的法条设计，可以将非法持有儿童色情制品罪的概念表述为，明知是以与儿童色情有关的材料为内容的图片、视频或其他多媒体表现形式，而非法持有、数量较大的行为。

具有刑事责任能力的自然人是本罪适格主体。单位如果有持有儿童色情制品的行为，却无法查证持有的目的，笔者认为，亦可从持有型犯罪兜底性的立法设计角度出发，以非法持有儿童色情制品罪的单位犯罪对单位和相关责任人员予以双罚。本罪的主观要件方面应当限于故意。除了主观故意的要求，还应要求行为人在主观上知道或者应当知道持有对象为儿童色情制品，也就是所谓的对对象的明知。本罪的客观要件包括行为(持有)、对象(较大数量的儿童色情制品)等要素。对于具体数量的确定，应当谨慎认定，可以借鉴域外相关立法例或其他关系密切的违禁品的数量规定，做到协调统一、不偏不倚。至于本罪的客体要件，包括两个方面的内容，社会伦理道德秩序与儿童的身体权(性权利)、隐私权，后者在儿童利益最大化的背景下更需重视。

需要注意的是，刑法的体系性特征决定了新罪名不能“一设了之”，应当对与新罪名有关的刑事立法及行政法律、法规进行相应的修订。首先，在《刑法》第 367 条中增加涉儿童淫秽物品的定义，明确本罪对象的范围。

其次，将以儿童色情制品为对象的相关行为作为《刑法》第363条涉淫秽物品犯罪的加重或从重处罚情节，以体现从严、从重打击的立场。再次，相关行政法律、法规也应当及时对淫秽物品的管理规定进行修订，共同提升行政管理与刑法规制的协同性和有效性，共同筑起儿童权利保护的严密法网，最大程度地保护儿童权利，关爱儿童健康成长。对持有儿童色情制品行为的规制还需要加强行业管理，要求网络信息服务提供者对网络儿童色情信息建立相应的举报和响应机制，从而防止或减少此类信息的上传和传播，实现源头整治。①

2. 增设非法持有不安全食品罪

食品安全事关国计民生、社会稳定。近年来，我国不断加强和完善食品安全法律规制体系。2011年《刑法修正案(八)》修改了有关食品犯罪的定罪量刑标准，扩大了打击范围，更有利于发挥刑法对于保障食品安全的威慑力。2021年《食品安全法》、2019年《食品安全法实施条例》以及2021年最高人民法院、最高人民检察院《关于办理危害食品安全刑事案件适用法律若干问题的解释》等法律规范不断严密保障食品安全的法网。然而，危害食品安全犯罪仍不断发生，反映出当前食品安全问题依然需要进一步重视。增设非法持有不安全食品罪是刑法层面的积极回应，很有必要。

(1) 增设非法持有不安全食品罪的依据

其一，增设非法持有不安全食品罪具有现实必要性。

食品安全问题可能存在于食品生产、制作、运输、存储、销售等各个过程。我国刑法针对食品安全设立的两个罪名生产、销售不符合安全标准的食品罪与生产、销售有毒、有害食品罪，针对的主要是食品生产、销售等环节中可能发生的危害或危险，对运输、贮存等环节的问题关注不够，而运输、贮存等也是食品安全问题的高发环节。对此，最高人民法院、最高人民检察院《关于办理危害食品安全刑事案件适用法律若干问题的解释》对食品、食用农产品种植、加工、销售、运输、贮存等过程中滥用添加剂、农药、兽

① 屠锦超、陈露：《非法持有网络儿童色情制品犯罪的立法探讨》，载《少年儿童研究》2019年第4期。

药或掺入有毒、有害的非食品原料等的，以生产、销售不符合安全标准的食品罪和生产、销售有毒、有害食品罪定罪处罚。这样进一步严密了食品安全犯罪的刑法规制法网，具有积极意义。然而，在不能证实持有不安全食品的行为是以生产与销售食品为目的，或者可能导致健康损害的不安全食品系由持有人所生产，且持有人拒绝说明不安全食品的来源或去向的场合，同样存在食品不符合安全标准的问题，却没有相应的规制措施。即便被查处，因刑法规制的空白，也很难施加应有的刑事制裁，从而导致食品安全保障机制出现漏洞，严重威胁人们的"餐桌上的安全"。

其二，非法持有不安全食品的行为具有严重的法益侵害性。

首先，非法持有不安全食品罪属于持有型犯罪，持有型犯罪的两种关联形态于其同样适用。一是持有不安全食品可能是上游犯罪的后续行为。比如，生产不安全食品后的持有行为，就是上游犯罪的结果状态。如果能够查明持有是生产后的结果状态，那么持有作为生产行为之后的必然状态具有社会危害性，只是对持有的社会危害性的评价被生产、销售行为所囊括。即便无法证实对不安全食品的持有是生产、销售的后续状态，不安全食品本身的危险性决定了其一旦失控将会造成严重后果。那么，相应的持有行为依然具有社会危害性。二是持有不安全食品的行为可能是实施后续犯罪的预备形态。这种情况下，对不安全食品的持有行为是后续的关联犯罪的必要前提，属于危害食品安全的法益侵害结果向实害或风险转化前的阶段。由此，非法持有不安全食品的行为所具有的实害犯特性与具体危险犯特征可以得到证明。

其次，我国刑法分则以犯罪客体为标准对具体罪名进行归类并设立章节。危害食品安全犯罪被规定在刑法分则第三章破坏社会主义市场经济秩序罪中，这表明我国刑法将本罪主要客体确定为社会主义市场经济秩序。实际上，此类犯罪还对公民的生命健康造成严重威胁，甚至危及公共安全。如此，本罪复杂客体的属性不难理解。而且，本罪属于危险犯，不要求产生具体的实害后果，只要造成相应程度的危险，即认定构成犯罪。笔者认为，如此设计考虑到了此类行为一旦发生实害，必将造成不可估量的严重后果。其目的就在于将刑法法益的保护予以前置化，最大程度地防止危险向实害的转化。不安全食品本身的危险特性，以及相关持有行为与生产、销售的密切关联关系（指先行行为或后续状态），决定了持有不安全食品的行为具有很高的法益侵害可能性。将持有不安全食品的行为予以犯罪化，能够与刑法现有的两个危害食品安全的罪名有效衔接，更好地实现食品安全保障的目的。

（2）非法持有不安全食品罪的犯罪构成

在讨论本罪的构成要件时，有必要首先明确本罪的犯罪对象，也就是不安全食品的定义。根据现行《食品召回管理规定》第 3 条，[①]以及《食品召回管理办法》第 2 条第 2 款[②]规定，我国的不安全食品主要分为对人体有害的食品与法律法规禁止生产经营的食品两类。当前在食品安全保障领域效力最高的法律规范应当属《食品安全法》，遗憾的是其并未对不安全食品给出相关界定。不过，该法 150 条对食品安全作出了相应的限定，具体是指“食品无毒、无害，符合应当有的营养要求，对人体健康不造成任何急性、亚急性或者慢性危害”。对上述规定作否命题可以得出，不安全食品，是指有毒、有害，可能对人体造成严重危害的食品。笔者认为，这就是不安全食品的定义。需要注意的是，本罪并非举动犯，应当对不安全食品的数量有要求，持有的不安全食品的数量多少，直接影响到对该持有行为社会危害性大小的判断。[③]

单位和具备刑事责任能力的自然人都是本罪的适格主体。主观要件方面，笔者认为，应当限定为故意，包括直接故意与间接故意。行为人的主观恶意是决定刑罚轻重的重要因素，客观行为相同的情形下，主观故意下的犯罪行为的法益侵害，较之过失犯罪而言更为严重，更具有刑法规制的

① 《食品召回管理规定》第 3 条：本规定所称不安全食品，是指有证据证明对人体健康已经或可能造成危害的食品，包括：（一）已经诱发食品污染、食源性疾病或对人体健康造成危害甚至死亡的食品；（二）可能引发食品污染、食源性疾病或对人体健康造成危害的食品；（三）含有对特定人群可能引发健康危害的成分而在食品标签和说明书上未予以标识，或标识不全、不明确的食品；（四）有关法律、法规规定的其他不安全食品。

② 《食品召回管理办法》第 2 条第 2 款：不安全食品是指食品安全法律法规规定禁止生产经营的食品以及其他有证据证明可能危害人体健康的食品。

③ 张雍锭、张学超：《我国持有不安全食品犯罪化的理论探讨》，载《中国人民公安大学学报（社会科学版）》2018 年第 3 期。

必要性，惩罚的力度也应当相应加大。行为人还应当对本罪的犯罪对象即不安全食品存在明知，此处的明知是对对象的明知，并非对法律性质的明知。在判断对对象的明知时，可以采用推定“应当知道”认定。即便持有人确实不知或无法证实其所持不安全食品的来源或去向，但其知晓所持之对象为不安全食品，却依然积极追求或放任自己对其进行持有，已经齐备成立本罪所需的对象明知的认识因素与意志因素，主观故意要件已然成就。对基于过失而持有不安全食品，或对不安全食品不存在明知的情形，不宜作犯罪处理。

3. 增设非法持有公民个人信息罪

个人信息安全已经成为当前我国面临的严重挑战之一。公民个人信息往往与其财产直接相关，本身具有巨大的商业价值。利益驱使与管理保护机制欠缺的背景下，个人信息安全事件频发，加强个人信息保护迫在眉睫。

我国不断加强保护公民个人信息安全制度建设，多部法律、法规、部门规章等共同构成了我国公民个人信息保护法网。从设置侵犯公民个人信息罪，到进一步扩大本罪主体，增加量刑档次和从重处罚情节，体现了我国刑法从严惩治相关犯罪的立场。但刑法规定的侵犯公民个人信息罪仅以非法获取或提供等行为为规制对象，非法持有公民个人信息的行为成为漏网之鱼，直接影响刑法规制效果。有必要增设非法持有公民个人信息罪，以填补刑法对公民个人信息保护的薄弱环节，完善刑法规制体系。

除了司法实践的客观需要之外，增设非法持有公民个人信息罪还具有充足的法理依据。首先，非法持有公民个人信息具有严重的法益侵害性。近年来频繁发生的公民个人信息泄露事件，对正常社会秩序与金融的稳定发展带来严重的消极影响。刑法作为最严厉的规制工具，要实现公民个人信息的全面保护，就应当将涉及侵犯公民个人信息的相关行为全部纳入规制范围。不具有合法资格的主体持有大量不能说明来源的公民个人信息，按照经验法则判断，此类信息系非法取得或用于非法目的的概率极大，而且客观上将这些个人信息置于“随时可能失控的危险境地”，严重危及公民个人信息安全权。而公民个人信息往往又与相关人身健康与财产紧密相连，非法持有这些信息很可能会侵害相关权益。非法持有公民个人信息具备侵害刑法保护法益的"实害"或者现实可能性。这就是对非法持有公民个人信息予以犯罪化的根据。

其次，设置非法持有公民个人信息罪，可以严密公民个人信息保护法网，堵截针对公民个人信息犯罪的漏洞，预防更严重的犯罪。非法持有不能说明合法来源的大量公民个人信息，不但是对公民隐私权的侵犯，更可能是非法取得相关信息的行为的结果状态，或者实施其他犯罪的预备状态。将非法持有公民个人信息的行为规定为犯罪，有利于构建覆盖公民个人信息保护的全链条的机制，防止更为严重的犯罪发生。当前在司法实践中，司法机关只能就查办的涉及公民个人信息的既遂犯罪予以定罪处罚，但对于犯罪分子持有未来得及用于实施犯罪的大量公民个人信息的行为却无法采取刑事措施。将这种非法持有公民个人信息的不法状态予以犯罪化，可以有效弥补刑法规制的空白，构建完整全面的公民个人信息刑法保护体系。同时，持有型犯罪改变刑事证明内容、降低证明要求的立法构造，面对行为人主观目的无法证实的情况，也能根据客观持有、主观明知的现状予以定罪处罚，客观上起到节约司法成本、提高诉讼效率的作用。①

（二）持有型犯罪立法的愿景展望

持有型犯罪的设定，本身就是基于刑事政策、刑事诉讼和法经济学角度综合考量的结果。本质上，刑法设置持有型犯罪，就是在国家刑罚权和个人权利之间作出的一个罪与非罪的分配。正因如此，如何在国家公权力与公民私权利之间达成妥适性的平衡，是持有型犯罪刑事立法发展的主线问题。一方面，国家如果不放弃对特定物品的特殊管控，国民就要承担持有该特定物品的相应罪责；另一方面，如果赋予国民持有特定物品的权利，那么就意味着国家丧失了对该特定物品的特殊管控。以历史的发展眼光来看，在个人与国家权利的不断斗争中，限制公权力与扩大公民私权利将成为历史发展的总趋势。持有型犯罪在这个历史发展过程中，将伴随国家公权力或者刑罚权的衰弱而逐渐进入非罪化发展轨道，并最终以保安处分

① 朱红、李婧：《论增设非法持有公民信息罪的必要性》，载《武汉金融》2017 年第 1 期。

或行政处罚作为归宿。

另外，从推定的意义上来说，围绕持有型犯罪有悖于“无罪推定”的质疑仍将长期持续，甚至可以说持有型犯罪立法的本身就是“有罪推定”的产物。国家以牺牲民众对于部分物品持有的权利为代价，通过持有行为犯罪化来实现对这部分特定物品的特殊管控，并非根本之策。持有所造成的法益侵害或法益侵害风险，仅仅是法律根据生活经验法则作出的推定，但是因关联犯罪而持有的毕竟只是其中的一部分，法律推定的后果就是并不存在关联犯罪的单纯的持有亦被予以刑事否定性评价，其刑事可罚性存在自然法意义上的正当性疑问。持有行为犯罪化，毕竟是基于对社会危害性风险的预估，实际上我们无从去考证某一持有行为究竟达到何种程度方才具备进入刑法规制视野的条件。这种缺陷，将伴随持有型犯罪的发展与演变全过程，直至持有型犯罪从刑法中消逝。

当然，非罪化的趋势判断并不影响我们当下对于持有型犯罪的积极态度。正视持有型犯罪的积极意义，既要摒弃该类犯罪能够“包治百病”的迷信，也不能对其大肆批判全盘否定。客观而言，持有型犯罪的产生发展有着相应的现实的社会基础和自身规律。通过认真研究对持有型犯罪立法加以完善改进，充分发挥其积极意义，尽可能减少其带来的负面效应，在矛盾冲突、对立分化中尽量实现平衡与协调，寻求一条最佳路径来实现其最终的社会效益，才是我们对待持有型犯罪的正确立场。

参考文献

一、著作及译著类

1. 刘宪权:《刑法学名师讲演录(总论)》,上海人民出版社 2016 年版。

2. 储槐植、江溯:《美国刑法》,北京大学出版社 2012 年版。

3. 邓斌:《持有犯研究》,吉林人民出版社 2004 年版。

4. 张云鹏:《刑事推定论》,法律出版社 2011 年版。

5. 何家弘:《司法证明方法与推定规则》,法律出版社 2018 年版。

6. 陈兴良:《本体刑法学》,商务印书馆 2001 年版。

7. 刘明祥:《刑法中错误论》,中国检察出版社 2004 年版。

8. 赵震:《职务犯罪重点疑难精解》,法律出版社 2013 年版。

9. 陈正云:《持有犯罪研究》,中国方正出版社 2004 年版。

10. 陈兴良:《刑法哲学》,中国政法大学出版社 2009 年版。

11. 储槐植:《刑事一体化》,法律出版社 2004 年版。

12. 陈瑞华:《问题与主义之间——刑事诉讼基本问题研究》,中国人民大学出版社 2003 年版。

13. 臧冬斌:《食品安全法律控制研究》,科学出版社 2013 年版。

14. 胡鹰:《过失犯罪研究》,中国政法大学出版社 1995 年版。

15. 李海东:《刑法原理入门》,法律出版社 1998 年版。

16. 程凡卿:《行政刑法立法研究》,法律出版社 2014 年版。

17. 陈子平:《刑法总论》,中国人民大学出版社 2009 年版。

18. 梁根林:《刑事法网:扩张与限缩》,法律出版社 2005 年版。

19. 许恒达:《法益保护与行为刑法》,元照出版有限公司 2016 年版。

20. 张明楷:《法益初论》,中国政法大学出版社 1999 年版。

21. 陈兴良:《刑法适用总论》,中国人民大学出版社 2017 年版。

22. 熊选国:《刑法中行为论》,人民法院出版社 1992 年版。

23. 张智辉:《刑事责任通论》,警官教育出版社 1995 年版。

24. 陈兴良:《教义刑法学》,中国人民大学出版社 2017 年版。

25. 黄茂荣:《法学方法与现代民法》,中国政法大学出版社 2001 年版。

26. 侯国云、白岫云:《新刑法疑难问题解析与适用》,中国检察出版社 1998 年版。

27. 张明楷:《刑法学》,法律出版社 2011 年版。

28. [意]杜里奥·帕多瓦尼:《意大利刑法学原理(注评版)》,陈忠林译评,中国人民大学出版社 2004 年版。

29. [德]汉斯·海因里希·耶赛克、[德]托马斯·魏根特:《德国刑法教科书》,徐久生译,中国法制出版社 2017 年版。

30. [美]道格拉斯·胡萨克:《过罪化及刑法的限制》,姜敏译,中国法制出版社 2015 年版。

31. [英]J.C.史密斯、[英]B.霍根:《英国刑法》,李贵方等译,法律出版社 2000 年版。

二、编著类

1. 刘宪权主编:《刑法学》,上海人民出版社 2016 年版。

2. 高铭暄主编:《中国刑法学》,中国人民大学出版社 1989 年版。

3. 朱建华主编:《刑法学研究提要》,法律出版社 2013 年版。

4. 李春雷、张鸿巍主编:《外国刑法学概论》,北京大学出版社 2011 年版。

5. 陈光中主编:《刑事诉讼法》,北京大学出版社 2002 年版。

6. 谢望原、赫兴旺主编:《刑法分论》,中国人民大学出版社 2011 年版。

7. 马克昌主编:《犯罪通论》,武汉大学出版社 1995 年版。

8. 高铭暄、马克昌主编:《刑法学》,北京大学出版社 2016 年版。

9. 陈兴良主编:《刑法总论精释(上)》,人民法院出版社 2016 年版。

10. 马克昌主编:《比较刑法原理:外国刑法学总论》,武汉大学出版社2002年版。

11. 高铭暄主编:《刑法学原理(第二卷)》,中国人民大学出版社1993年版。

12. “当前惩治经济违法违纪犯罪丛书”编委会编:《当前贪污贿赂、拒不说明巨额财产来源违法违纪犯罪的政策法律界限与认定处理》,中国方正出版社1995年版。

13.《刑法问题与争鸣》编委会:《刑法问题与争鸣》,中国方正出版社2001年版。

14. 沈志先主编:《职务犯罪审判实务》,法律出版社2013年版。

15. 白庆祥、韦淑梅、高家方主编:《逻辑学基础》,中国人民公安大学出版社2003年版。

16. 陈忠林主编:《违法性认识》,北京大学出版社2006年版。

三、杂志类

1. 刘宪权:《性侵幼女构成强奸仍应以“明知”为前提》,载《青少年犯罪问题》2014年第1期。

2. 刘宪权:《我国金融犯罪刑事立法的逻辑与规律》,载《政治与法律》2017年第4期。

3. 刘宪权:《货币犯罪若干司法疑难问题探析》,载《犯罪研究》2008年第2期。

4. 刘宪权:《盗窃信用卡并使用行为定性的困境与破解》,载《法学评论》2018年第6期。

5. 于改之、郭献朝:《两大法系犯罪论体系的比较与借鉴》,载《法学论坛》2006年第1期。

6. 李卫东:《古代中国刑法中具有现代意义的持有型犯罪考》,载《井冈山大学学报(社会科学版)》2015年第6期。

7. 马荣春:《也论“持有犯罪”的行为方式——兼与储槐植教授、杜宇博士商榷》,载《法学论坛》2008年第5期。

8. 龙洋:《非法持有型犯罪问题的研究》,载《中外法学》1999 年第 3 期。

9. 梁根林:《持有型犯罪的刑事政策分析》,载《现代法学》2004 年第 1 期。

10. 阮方民:《论非法持有犯罪》,载《法学家》1993 年第 2 期。

11. 冯亚东:《试论刑法中的持有型犯罪》,载《中国刑事法杂志》2000 年第 1 期。

12. 张全兴:《法律概念的构成及其逻辑特征》,载《四川省公安干部管理学院学报》1996 年第 2 期。

13. 廖兴存:《法益保护原则视阈下儿童色情制品持有入罪论》,载《当代青年研究》2018 年第 4 期。

14. 屠锦超、陈露:《非法持有网络儿童色情制品犯罪的立法探讨》,载《少年儿童研究》2019 年第 4 期。

15. 张雍锭、张学超:《我国持有不安全食品犯罪化的理论探讨》,载《中国人民公安大学学报(社会科学版)》2018 年第 3 期。

16. 朱红、李婧:《论增设非法持有公民信息罪的必要性》,载《武汉金融》2017 年第 1 期。

17. 牛旭:《美国网络儿童色情物品持有罪的立法变革》,载《当代青年研究》2016 年第 3 期。

18. 许恒达:《从贪污的刑法制裁架构反思财产来源不明罪》,载《台北大学法学论丛》2012 年第 82 期。

19. 阎二鹏:《持有型犯罪立法动向及其正当化根据》,载《国家检察官学院学报》2019 年第 3 期。

20. 陈洪兵:《持有型犯罪的正当性根据及其适用》,载《东方法学》2016 年第 3 期。

21. 王利宾:《持有型犯罪立法的检讨及完善对策》,载《周口师范学院学报》2019 年第 3 期。

22. 周光权:《积极刑法立法观在中国的确立》,载《法学研究》2016 年第 4 期。

23. 梁根林:《刑法修正:维度、策略、评价与反思》,载《法学研究》2017 年第 1 期。

24. 车浩:《非法持有枪支罪的构成要件》,载《华东政法大学学报》2017 年第 6 期。

25. 周光权:《明知与刑事推定》,载《现代法学》2009 年第 2 期。

26. 张斌:《论被告人承担客观证明责任》,载《中国刑事法杂志》2007 年第 5 期。

27. 周光权:《违法性认识不是故意的要素》,载《中国法学》2006 年第 1 期。

28. 陈兴良:《违法性认识研究》,载《中国法学》2005 年第 4 期。

29. 陈烨:《法定犯违法性认识必要说:我国现行刑事立法框架下如何坚守》,载《政治与法律》2017 年第 7 期。

30. 陈波、马治国:《试析法律概念的规范性及其根源》,载《安阳师范学院学报》2012 年第 4 期。

31. 唐千圃、高圣平:《法定犯的责任要件与刑罚配置:"掏鸟窝案"引发的思考》,载《社会科学研究》2016 年第 3 期。

32. 刘仁文:《刑法中的严格责任研究》,载《比较法研究》2001 年第 1 期。

33. 李文燕、邓子滨:《论我国刑法中的严格责任》,载《中国法学》1999 年第 5 期。

34. 逄晓枫、刘晓莉:《我国食品安全犯罪中严格责任制度的立法考量》,载《理论月刊》2015 年第 3 期。

35. 白雁:《对刑法中严格责任的理性思辨》,载《郑州大学学报(哲学社会科学版)》2003 年第 6 期。

36. 梁根林:《责任主义刑法视野中的持有型犯罪》,载《法学评论》2003 年第 4 期。

37. 张明楷:《论盗窃财产性利益》,载《中外法学》2016 年第 6 期。

38. 陈洪兵:《持有型犯罪的立法扩张与司法限缩》,载《北方法学》2017 年第 2 期。

39. 程宗璋:《论持有型犯罪之主观罪过》,载《武汉大学学报(社会科学版)》2001 年第 1 期。

40. 孙凤娇:《我国刑法中严格责任之体系地位》,载《兵团党校学报》2019 年第 1 期。

41. 苗有水:《持有型犯罪与严格责任》,载《法律适用》1998 年第 5 期。

42. 农海东:《刑事政策视野下的持有犯意解释》,载《四川职业技术学院学报》2018 年第 1 期。

43. 李瑞生:《论英美刑法之绝对严格责任》,载《济南大学学报》2006 年第 6 期。

44. 张曙光:《中国持有型犯罪的证明责任研究》,载《经济研究导刊》2013 年第 27 期。

45. 李本灿:《巨额财产来源不明罪实行行为的重新界定:非法获取》,载《政治与法律》2014 年第 7 期。

46. 林亚刚:《继续犯的若干争议问题探讨》,载《中国刑事法杂志》2003 年第 4 期。

47. 劳东燕:《揭开巨额财产来源不明罪的面纱——兼论持有与推定的适用规制》,载《中国刑事法杂志》2005 年第 6 期。

48. 吴心成:《非法持有毒品罪的犯罪形态判断——持有三层次说的提出》,载《浙江万里学院学报》2019 年第 5 期。

49. 阎慧、高鹏志:《订购但未收到毒品的行为其犯罪形态如何认定》,载《人民检察》2015 年第 12 期。

50. 郭竹梅:《持有型犯罪的特征与认定》,载《法学杂志》2009 年第 4 期。

51. 张曙光:《论持有型犯罪的"附加条件"》,载《法学家》2015 年第 2 期。

52. 劳东燕:《法条主义与刑法解释中的实质判断——以赵春华持枪案为例的分析》,载《华东政法大学学报》2017 年第 6 期。

53. 劳东燕:《刑事推定中的合理联系标准》,载《清华法学》2010 年第 4 期。

54. 古承宗:《风险社会与现代刑法的象征性》,载《科技法学评论》2013 年第 1 期。

55. 黎宏:《论抽象危险犯危险判断的经验法则之构建与适用》,载《政治与法律》2013 年第 8 期。

56. 付立庆:《应否允许抽象危险犯反证问题研究》,载《法商研究》2013 年第 6 期。

57. 劳东燕:《价值判断与刑法解释:对陆勇案的刑法困境与出路的思考》,载《清华法律评论》编委会编:《清华法律评论(第 9 卷第 1 辑)》,清华大学出版社 2017 年版。

58. 高永明:《行政行为的出罪机能研究》,载《扬州大学学报(人文社科版)》2018 年第 1 期。

59. 张明楷:《行政违反加重犯初探》,载《中国法学》2007 年第 6 期。

60. 梁根林:《持有型犯罪的刑事政策分析》,载《现代法学》2004 年第 1 期。

61. 劳东燕:《公共政策与风险社会的刑法》,载《中国社会科学》2007 年第 3 期。

62. 薛瑞麟:《关于犯罪对象的几个问题》,载《中国法学》2007 年第 5 期。

63. 张曙光:《一种"事实关系"型行为:刑法中持有之规范论描述》,载《安徽大学法律评论》2010 年第 1 期。

64. 涂欣筠:《损害原则视角下持有型行为的犯罪化限制》,载《烟台大学学报(哲学社会科学版)》2017 年第 5 期。

65. 陈兴良:《不作为犯论的生成》,载《中外法学》2012 年第 4 期。

66. 杜磊:《法益侵害视角下持有型犯罪的重释》,载《政治与法律》2017 年第 1 期。

67. 李立众:《论"持有"的行为形式》,载《法学评论》2000 年第 4 期。

68. 蔡新苗:《刑法拟制条款的考察》,载《兰州学刊》2007 年第 8 期。

69. 储槐植:《论刑法学若干重大问题》,载《北京大学学报(哲学社会科学版)》1993 年第 3 期。

70. 储槐植:《三论第三犯罪行为形式“持有”》,载《中外法学》1994 年第 5 期。

71. 李居全:《浅议英美刑法学中的行为概念——兼论第三行为形态》,载《法学评论》2002 年第 1 期。

72. 李立众:《持有型犯罪研究》,载陈兴良主编:《刑事法评论(第 11 卷)》,中国政法大学出版社 2002 年版。

四、文集类

北京大学法学院刑事法学科群编:《刑法体系与刑事政策——储槐植教授八十华诞贺岁集》,北京大学出版社 2013 年版。

五、报纸类

赵秉志、肖中华:《如何认定故意犯罪的“明知”》,载《人民法院报》2003 年 5 月 3 日第 3 版。

六、学位论文类

刘亚娜:《持有型犯罪的系统研究》,吉林大学 2005 年博士学位论文。

图书在版编目(CIP)数据

持有型犯罪刑法规制体系研究/周光营著.—上海：
上海人民出版社，2023
(华东政法大学刑法学博士文库)
ISBN 978-7-208-18119-9

Ⅰ.①持…　Ⅱ.①周…　Ⅲ.①刑事犯罪-研究-中国
Ⅳ.①D924.114

中国国家版本馆 CIP 数据核字(2023)第 000725 号

责任编辑　夏红梅　伍安洁
封面设计　陈　楠

华东政法大学刑法学博士文库
持有型犯罪刑法规制体系研究
周光营 著

出　　版　上海人民出版社
　　　　　(201101　上海市闵行区号景路 159 弄 C 座)
发　　行　上海人民出版社发行中心
印　　刷　上海商务联西印刷有限公司
开　　本　720×1000　1/16
印　　张　11.5
插　　页　4
字　　数　161,000
版　　次　2023 年 3 月第 1 版
印　　次　2023 年 3 月第 1 次印刷
ISBN 978-7-208-18119-9/D·4073
定　　价　48.00 元